WOLFGANG STEGMÜLLER
AUFSÄTZE ZUR WISSENSCHAFTSTHEORIE

WOLFGANG STEGMÜLLER

AUFSÄTZE
ZUR WISSENSCHAFTSTHEORIE

1979
WISSENSCHAFTLICHE BUCHGESELLSCHAFT
DARMSTADT

Reihe »Libelli« BAND CCXLV*

Reprografischer Nachdruck
der im Inhaltsverzeichnis näher bezeichneten Aufsätze Wolfgang Stegmüllers

CIP-Kurztitelaufnahme der Deutschen Bibliothek

Stegmüller, Wolfgang:
[Sammlung]
Aufsätze zur Wissenschaftstheorie / Wolfgang
Stegmüller. — Reprograf. Nachdr. — Darmstadt:
Wissenschaftliche Buchgesellschaft, 1979.
  (Reihe Libelli; Bd. 245)
  ISBN 3-534-05565-9

Bestellnummer 5565-9

© 1970 by Wissenschaftliche Buchgesellschaft, Darmstadt
Druck und Einband: Wissenschaftliche Buchgesellschaft, Darmstadt
Printed in Germany

ISBN 3-534-05565-9

INHALTSVERZEICHNIS

Das Problem der Kausalität 1
(Probleme der Wissenschaftstheorie. Festschrift für Victor Kraft. Hrsg. von
Ernst Topitsch. Wien: Springer 1960, S. 171—190)

Einige Beiträge zum Problem der Teleologie und der Analyse von
Systemen mit zielgerichteter Organisation 21
(Synthese. An international Quarterly for the Logical and the Psychological
Study of the Foundations of Science. Volume XIII, 1961, pp. 5—40)

Erklärung, Voraussage, wissenschaftliche Systematisierung und nichterklärende Information 57
(Ratio. 8, 1966, S. 1—22)

Eine Axiomatisierung der Mengenlehre, beruhend auf den Systemen
von Bernays und Quine 79
(Logik und Logikkalkül [Prof. Dr. Wilhelm Britzelmayr zum 70. Geb.]. Hrsg.
von Max Käsbauer und Franz v. Kutschera. München: Alber 1962, S. 57—103)

Das Problem der Kausalität

Als der englische Philosoph B. Russell im ersten Weltkrieg wegen seiner pazifistischen Reden eingesperrt wurde, schrieb er seine Einleitung in die Philosophie der Mathematik. Darin beschäftigte er sich auch mit dem bestimmten Artikel „der", „die", „das" bzw. „derjenige welcher" und bemerkte dazu, daß die mit diesem Artikel zusammenhängenden Fragen ihn auch dann noch interessieren würden, wenn er aus dem letzten Loche pfiffe und nicht bloß so wie im Augenblick im Gefängnis säße. Heute weiß jeder, der sich etwas mit moderner Logik beschäftigt hat, daß die Theorie des bestimmten Artikels nicht zu unterschätzende Schwierigkeiten in sich birgt.

Weniger beachtet jedoch wird die Tatsache, daß der bestimmte Artikel nicht nur logisch unangenehme Eigenschaften besitzt, sondern darüber hinaus eine Qualität aufweist, die in das Gebiet der Ethik gehört. Es ist dabei doppelt unangenehm, daß diese Qualität negativwertig ist und daß der bestimmte Artikel sich hauptsächlich den Philosophen als Opfer seiner unsittlichen Verhaltensweise auserkoren hat. Diese negative Eigenschaft besteht, kurz gesagt, darin, daß die Einstellung erzeugt wird, überall dort, wo der bestimmte Artikel Verwendung findet, werde in eindeutiger Weise nur über einen einzigen Gegenstand gesprochen. Wer von *dem* Sieger von Jena oder von *dem* Entdecker von Amerika spricht, bringt damit zum Ausdruck, daß er sich jeweils nur auf einen einzigen Menschen bezieht. Und wer von *dem* Problem Soundso zu sprechen gelernt hat, ist zumindest vorerst in der Meinung befangen, daß es sich um *genau ein Problem* handeln müsse.

Die Philosophiegeschichte bietet uns merkwürdige Beispiele dafür, was auf diese Weise alles angerichtet werden kann. So z. B. sprechen Philosophen bekanntlich gerne von *dem* Seienden. Ein hinreichend langer Gebrauch dieser Redewendung rief in Denkern seit Parmenides immer wieder die fundamentale „Einsicht" hervor, daß es ja im Grunde nur ein einziges Seiendes geben könne und daß für die scheinbare Vielheit in der Welt eine Erklärung geliefert werden müsse. Worin sich denn zeigt, daß die Fallstricke des bestimmten Artikels metaphysische Systemkonstruktionen im Gefolge haben können. Und wenn man, um nochmals bei *dem Seienden* zu verharren, weiter bedenkt, daß monistische und pantheistische Einheitslehren gewöhnlich auch für das zwischenmenschliche Zusammenleben irgendeine Art von Ganzheitsauffassung propagieren, die dann zu einer philosophischen Rechtfertigung von Diktaturen führt, so wird daraus ersichtlich, daß der bestimmte Artikel neben seinen tüchtigen Leistungen auf dem Gebiete der Metaphysik unter Umständen auch eine ganz ansehnliche politische Aktivität entfalten kann.

Das Thema dieser Abhandlung lautet „*das* Problem der Kausalität". Die paar Andeutungen, welche ich bisher machte, sollen zu nichts anderem dienen, als einem Hinweis darauf, daß wir auf der Hut sein müssen. Es könnte sich herausstellen, daß es eine ganze Reihe verschiedenartiger Fragestellungen gibt, die sich unter diesem einheitlichen Obertitel verbergen. Jedenfalls dürfen wir nicht von vornherein dem suggestiven Zwang des bestimmten Artikels erliegen und meinen, es handle sich hierbei nur um eine einzige Frage, die eine philosophische Diskussion erheischt.

Auf der Hut zu sein, ist noch aus einem anderen Grunde für alles philosophische Nachdenken über die Kausalität ein zwingendes Erfordernis. Während nämlich die übrigen naturphilosophischen Probleme die Gewähr dafür geben, in einer Atmosphäre von kühler Sachlichkeit und damit strenger Objektivität behandelt zu werden, waren die Fragen der Kausalität von jeher geeignet, die Gemüter zu erhitzen. Denn diese Fragen sind nicht nur von einer naturphilosophischen Relevanz, sondern berühren den Menschen in empfindlichster Weise in seinen weltanschaulichen, religiösen und ethischen Belangen. Daher können wir auch immer wieder ein merkwürdiges Aneinandervorbeireden zwischen Vertretern und Opponenten einer bestimmten Auffassung beobachten. Wer z. B. die unbeschränkte Gültigkeit der Kausalität behauptet, stützt sich meist auf naturwissenschaftliche Argumente oder zumindest auf einen naturphilosophischen Glauben daran, daß jedes Ereignis in der Welt unter ein Naturgesetz subsumiert werden kann. Die Gegner einer solchen Auffassung wiederum gehen in der Regel gar nicht von gegenteiligen *naturphilosophischen* Konzeptionen aus, sondern von *ethisch* relevanten Vorgängen im menschlichen Bereich: Sie glauben feststellen zu müssen, daß es in der Welt des Bewußtseins Vorgänge gibt, die das Ergebnis von freien Wahlakten oder Entscheidungen sind; ansonsten nämlich, so argumentieren sie, würde der Begriff des verantwortungsvollen Handelns zerstört werden. Von da ist es dann kein weiter Weg mehr in eine dualistische Versöhnungstheorie, wonach zwar in der Welt der Erscheinungen der Satz „jedes Ereignis hat eine Ursache" eine unbeschränkte Gültigkeit besitzt, das intelligible Ich aber zu einer anderen Welt der Freiheit gehört, in welcher es von der Zwangsjacke der Kausalität befreit ist.

Ich will mich jedenfalls im folgenden bemühen, eine solche Diskussion auf ganz verschiedenen Ebenen tunlichst zu vermeiden und daher von vornherein alle ethischen und religionsphilosophischen Fragen auszuklammern, die in dieses Problem hineinspielen mögen. Womit ich selbstverständlich nicht leugne, daß solche Probleme existieren und vielleicht auch sehr wichtig sind.

Fragen wir uns zunächst, wo wir überhaupt auf so etwas wie Kausalität stoßen. Man kann sofort auf zwei verschiedene Dinge hinweisen: Erstens werden in der Naturwissenschaft bestimmte Gesetze als *Kausalgesetze* bezeichnet. Man sagt z. B., daß die Gesetze der klassischen Mechanik kausalen Charakter hatten, während die Gesetze der Quantenmechanik nicht mehr Kausalgesetze sind. Zweitens aber spricht man auch in der Philosophie von dem allgemeinen Kausalgesetz, welches etwa in einer ersten Approximation so formuliert werden kann: „Jedes Ereignis hat eine Ursache" oder: „Alles Werden ist ein Bewirktwerden." Für den Zweck einer klaren terminologischen Unterscheidung wollen wir in dem zweiten Fall den Ausdruck „Gesetz" vermeiden und lieber von dem *allgemeinen Kausalprinzip* sprechen. Eine unserer Aufgaben wird u. a. darin bestehen, das Verhältnis zwischen diesen beiden Begriffen: Kausalgesetz und Kausalprinzip, zu klären.

Eine wichtige Feststellung können wir bereits an dieser Stelle treffen: Der Ausdruck „Kausalgesetz" kann im Plural verwendet werden. Man kann von Kausalgesetzen sprechen. Dies bedeutet, daß es sich hierbei um einen Typenbegriff handelt, in welchem ein bestimmtes Merkmal oder eine Gesamtheit von Merkmalen hervorgehoben werden sollen, die bestimmten Naturgesetzen zukommen: Kausalgesetze sind Naturgesetze, die noch irgendwelche weitere Merkmale besitzen. Der Ausdruck „Kausalprinzip" hingegen ist nur im Singular verwendbar. Hier ist der bestimmte Artikel tatsächlich am Platz: man darf von *dem* Kausalprinzip sprechen.

Ich möchte noch auf eine dritte Klasse von Aussagen hinweisen, in denen die Kausalität eine Rolle spielt. Wir stoßen bereits im vorwissenschaftlichen Alltag sehr häufig darauf. Es handelt sich hauptsächlich um jene Sätze, die mit einem „da" oder „weil" beginnen, also etwa um Aussagen von der folgenden Gestalt: „Der Wald wurde zerstört, *weil* eine Lawine herunterging" oder „Das Auto geriet aus der Bahn, *weil* ein Reifen platzte", „Hans starb, *weil* er Tollkirschen aß". Es handelt sich hierbei um singuläre Kausalurteile, in denen, wie bisweilen gesagt wird, individuelle Kausalzusammenhänge beschrieben werden. Diese singulären Kausalurteile bilden eine Vorstufe für das, was man eine kausale wissenschaftliche Erklärung (kurz: kausale Erklärung) nennen könnte. Wir haben es also mit den folgenden drei Dingen zu tun:

    Kausalgesetz
        kausale Erklärung
            Kausalprinzip.

Unsere Aufgabe besteht vor allem in dem Versuch, diese drei Begriffe, sowie das Verhältnis, in dem sie zueinander stehen, zu analysieren. Wenn wir einen Vertreter der traditionellen Philosophie gefragt hätten, wie er diese drei Begriffe definiere, so hätten wir vermutlich in allen drei Fällen eine Antwort bekommen, in der ein und derselbe Begriff in typischer Form wiederkehrt: Er wäre vom Begriff der *Ursache* ausgegangen und hätte versucht, alles auf diesen Ursachebegriff zurückzuführen. So hätte man etwa zu hören bekommen, daß Kausalgesetze solche Gesetze seien, welche *Ursache-Wirkungszusammenhänge* zum Inhalt haben; daß eine kausale Erklärung eines Ereignisses darin bestehe, daß man die *Ursache* des betreffenden Ereignisses angebe, und das Kausalprinzip wäre schließlich so formuliert worden, wie dies bereits eingangs von mir angedeutet wurde: „Jedes Ereignis hat eine *Ursache*." Diese Art von Antwort soll schematisch dadurch charakterisiert werden, daß neben die drei angeführten Ausdrücke die Abkürzung „U" für das Wort „Ursache" angeschrieben wird:

    U → Kausalgesetz
        U → kausale Erklärung
            U → Kausalprinzip.

In diesem Operieren mit dem Ursachebegriff liegt aber gerade das Unbefriedigende in all diesen Antworten. Dieser Begriff entstammt der vagen Sprache des Alltags und ist dort auch zweifellos brauchbar. Denn für jene praktischen Belange, denen die Alltagssprache dient, ist er ausreichend. Für die Zwecke einer philosophischen Begriffsexplikation darf er aber nicht als Ausgangsbasis dienen. Angenommen, ein Haus wird dadurch zum Einsturz gebracht, daß im Verlaufe von Bauarbeiten im Keller eine Stütze entfernt wird. Es wird dann gesagt, daß das Haus deshalb zusammenstürzte, weil jene Stütze entfernt worden sei. Und da eine solche Weil-Aussage mit einer singulären Kausalbehauptung äquivalent ist, könnte die Behauptung auch so formuliert werden, daß die Entfernung jener Stütze die *Ursache* für den Einsturz des Hauses war. Es ist nun unmittelbar klar, daß jenes Haus trotz der Entfernung der fraglichen Stütze keineswegs eingestürzt wäre, wenn es eine andere Beschaffenheit gehabt hätte. Wenn z. B. die Struktur des Hauses eine solche gewesen wäre, daß die Aufrechterhaltung seiner Stabilität diese Stütze nicht erfordert hätte, so wäre weiter gar nichts geschehen. Wenn wir also die Beseitigung jener Stütze als die Ursache für den Einsturz bezeichnen, so ist dies im Grunde eine vollkommen einseitige Beschreibung des Vorganges. Jene Tätigkeit mußte in Warheit mit einer großen Anzahl von anderen Faktoren zusammentreffen, um den erwähnten Effekt hervorzurufen; und doch wurden alle diese anderen Faktoren überhaupt nicht erwähnt.

Bei allen analogen Beispielen können wir dieselbe Beobachtung machen. Wenn irgendein Ereignis stattfindet, so muß in der Regel ein großer Komplex von Bedingungen gegeben sein. Aus diesem Bedingungs-Komplex greifen wir mehr oder weniger willkürlich eine Bedingung heraus und bezeichnen sie als die Ursache. Die Frage, von welchen Motiven wir uns bei einer solchen Auswahl leiten lassen, ist keine erkenntnistheoretische, sondern eine psychologische. Es muß als zweifelhaft erscheinen, ob man auf diese Frage überhaupt eine allgemeine Antwort geben kann. Die Auswahl der Motive dürfte je nach der Situation eine andere sein: manchmal bezeichnen wir einfach jene unter den relevanten Bedingungen als die Ursache des Ereignisses, die uns besonders in die Augen fällt, oder jene, die uns als außergewöhnlich erscheint (während die übrigen Bedingungen unauffälliger sind, weil sie schon häufig beobachtet wurden), oder schließlich jene, die dem Ereignis unmittelbar voranging (während die übrigen Bedingungen bereits durch längere Zeit hindurch bestanden).

Diese Andeutungen dürften hoffentlich genügen, um zu zeigen, daß wir nicht erwarten können, mit Hilfe dieses vorwissenschaftlichen Ursachebegriffes die gewünschte Klärung herbeizuführen. Es nützt natürlich auch gar nichts, wenn man so wie KANT den Begriff der Ursache (oder das Verhältnis Ursache-Wirkung) für eine apriorische Kategorie erklärt; denn auch KANT hat niemals gesagt, was er unter einer Ursache versteht, so daß man die Frage, ob es sich dabei um etwas Apriorisches handelt oder nicht, vorerst gar nicht diskutieren kann. Es wäre zwar theoretisch denkbar, diesen Begriff der Ursache so zu präzisieren, daß er zur Explikation der drei übrigen Kausalbegriffe verwendet werden könnte. Mir ist aber keine Definition dieses Begriffs der Ursache bekannt, die wirklich als befriedigend angesehen werden dürfte und welche nicht bereits die Klärung jener anderen Begriffe (oder zumindest der ersten beiden unter ihnen) voraussetzt. Die folgenden Betrachtungen werden es noch deutlicher machen, daß nicht die geringste Aussicht besteht, auf dem Weg über den Begriff der Ursache (oder dessen Korrelat: den Begriff der Wirkung) eine Aufklärung über die Kausalität zu erhalten.

Wir stehen somit vor der Aufgabe, uns von dem ungenauen Ausdruck „Ursache" vollkommen frei zu machen und daher ohne Verwendung dieses Ausdruckes die Fragen zu beantworten, was ein *Kausalgesetz* sei, worin eine *kausale Erklärung* bestehe und wie das *allgemeine Kausalprinzip* zu formulieren sei. Es wird sich dabei erweisen, daß der Begriff der Ursache tatsächlich einer bestimmten Präzisierung fähig ist; aber dies wird sich als ein bloßes Nebenresultat bei der Explikation des Begriffes der kausalen Erklärung ergeben, so daß die Begriffe „Ursache" und „Wirkung" von keiner weiteren Bedeutung sind.

Da es den Naturforschern bei der Aufstellung von Gesetzmäßigkeiten hauptsächlich darum geht, die gedanklichen Hilfsmittel bereitzustellen, um Prognosen und Erklärungen liefern zu können, wollen wir beim Begriff der kausalen Erklärung beginnen. Bevor man sagen kann, was eine kausale Erklärung ist, muß man wissen, worin eine *wissenschaftliche Erklärung im allgemeinen* besteht, gleichgültig, ob diese dann als kausal oder *nicht*kausal zu bezeichnen ist. Hat man diese Vorfrage beantwortet, so kann man hierauf die kausalen Erklärungen von den übrigen dadurch auszeichnen, daß in den ersteren ausschließlich Kausalgesetze verwendet werden. Eine Klärung dieses Begriffs des Kausalgesetzes muß daher ebenfalls der Explikation des Begriffs der kausalen Erklärung vorangehen.

Es ist dabei zu beachten, daß der Begriff des Kausalgesetzes mit dem der Erklärung als solcher zunächst überhaupt in keinem Zusammenhang steht. Denn man kann offenbar die Frage, was ein Kausalgesetz sei, diskutieren, ohne auf das Problem einzugehen, worin eine wissenschaftliche Erklärung bestehe; und man kann umgekehrt den Begriff der wissenschaftlichen Erklärung im allgemeinen explizieren, ohne die Frage des Kausalgesetzes anzuschneiden. Erst für den Zweck der Explikation dessen, was eine *kausale* Erklärung sei, benötigt man sowohl das eine wie das andere. Wir erhalten somit das folgende Schema, wobei die Pfeile die Reihenfolge andeuten, in der die Explikation der fraglichen Begriffe zu erfolgen hat (die durch Pfeile nicht verbundenen Begriffe sind voneinander unabhängig):

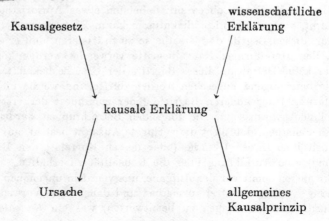

Die Bedeutung der beiden oberen Pfeile geht aus dem soeben Gesagten unmittelbar hervor. Der schräg nach links gerichtete untere Pfeil soll die Tatsache zum Ausdruck bringen, daß der Ursachebegriff, wie erwähnt, nur ein Nebenresultat bildet, welches aus dem Begriff der kausalen Erklärung gewonnen wird. Und der schräg nach rechts gerichtete untere Pfeil soll ein Hinweis darauf sein, daß wir später das allgemeine Kausalprinzip mit Hilfe des Begriffs der kausalen Erklärung formulieren werden. Es soll also dieses Prinzip nicht vom Gegenstand her charakterisiert werden, sondern von der Seite des erkennenden Wissenschaftlers aus.

Beginnen wir zunächst mit dem Begriff der Erklärung. Der Ausdruck „Erklärung" wird in verschiedenen Zusammenhängen gebraucht. So z. B. spricht man auch davon, daß man jemandem die Bedeutung eines Ausdruckes erkläre. An solche Fälle wie diesen denke ich aber nicht, sondern ausschließlich an jene Fälle, in denen man von der *Erklärung von Ereignissen spricht*[1]. Solche Erklärungen unterscheiden sich von bloßen *Beschreibungen*. In den Beschreibungen gibt man eine Antwort auf die Frage: „Was ist der Fall?" bzw. „was war der Fall?"; in den Erklärungen beantwortet man die Frage „*warum* ist dies der Fall?" bzw. „*warum* war dies der Fall?" Es zeigt sich dabei, daß jede Erklärung eines Phänomens oder Ereignisses E zwei ganz verschiedene Klassen von Aussagen enthält: Die zur einen Klasse gehörenden Aussagen beschreiben Bedingungen, welche vor dem zu erklärenden Ereignis oder gleichzeitig mit ihm realisiert waren. Wir wollen dies die Antecedens-Bedingungen $A_1, \ldots, A_k$, nennen. Die Aussagen der zweiten Klasse haben gewisse allgemeine Gesetzmäßigkeiten $G_1, \ldots, G_r$ zum Inhalt[2]. Ein einfaches Beispiel möge dies illustrieren: Es soll erklärt werden, warum dem im Ruderboot sitzenden Mann der Teil des Ruders, der sich im Wasser befindet, als nach oben gebogen erscheint. Die Erklärung erfolgt durch Angabe der für diesen Fall relevanten Gesetzmäßigkeiten und Antecedens-Bedingungen. Zu den Gesetzmäßigkeiten würden z. B. die Gesetze der Lichtbrechung gehören sowie der Satz, daß das Wasser ein optisch dichteres Medium ist als die Luft; zu den Antecedens-Bedingungen gehören dagegen z. B. die

---

[1] Ausdrücklich klammern wir damit aus unseren Betrachtungen auch den an sich sehr wichtigen Fall der Erklärung von Gesetzen aus. Dieser Fall ist für uns deshalb ohne Relevanz, weil wir auf den Begriff der *kausalen* Erklärung hinsteuern und dieser Begriff nur auf Vorgänge oder Ereignisse anwendbar ist.

[2] Im folgenden werden wir mit den Symbolen „E", „A_i" ($1 \leq i \leq k$), „G_j" ($1 \leq j \leq r$) gewöhnlich nicht Phänomene, Ereignisse, Zustände und Gesetzmäßigkeiten „in der Welt" bezeichnen, sondern die betreffenden sprachlichen Gebilde, welche all dies zum Inhalt haben, also unter den „G_j" Gesetzes*aussagen*, unter „E" den *Satz*, der das zu erklärende Ereignis oder Phänomen beschreibt, verstehen usw. Diese Festsetzung dient jedoch nur dazu, um eine unnötige Kompliziertheit in den folgenden Formulierungen zu vermeiden.

Aussagen, daß ein Teil des Ruders sich im Wasser befindet, ein anderer in der Luft; daß das Ruder praktisch ein gerades Stück Holz ist; daß dieses Ruder vom Boot aus, also von einem Ort unmittelbar oberhalb der Wasseroberfläche, betrachtet wird usw.

Es zeigt sich somit, daß zumindest der Naturforscher eine Frage von der Gestalt: „Warum kommt dieses Phänomen vor?" im Sinn der Frage interpretiert: „Auf Grund von welchen Gesetzen und kraft welcher Antecedens-Bedingungen kommt das Phänomen vor?" Die Erklärung besteht dann darin, daß der Satz E aus den Sätzen $A_1 \ldots, A_k, G_1, \ldots, G_r$ *logisch deduziert* wird. Wenn wir das zu Erklärende als *Explanandum* bezeichnen, und jene Aussagen, die man für die Deduktion des Explanandums benötigt, in ihrer Gesamtheit *Explanans* nennen, so kann man das folgende Schema aufstellen, das im Prinzip auf alle naturwissenschaftlichen Erklärungen anwendbar ist:

$$
\left.\begin{array}{ll}
A_1, \ldots, A_k & \text{Antecedens-Bedingungen} \\
G_1, \ldots, G_r & \text{allgemeine Gesetzesaussagen}
\end{array}\right\} \text{Explanans}
$$
$$
\overline{E\text{Explanandum}}
$$

E \quad Explanandum

Der horizontale Strich soll andeuten, daß E aus der Klasse der darüberliegenden Aussagen deduzierbar ist. Dieses Schema wurde von Hempel und Oppenheim der Analyse des Begriffs der naturwissenschaftlichen Erklärung zugrunde gelegt[3].

Die zum Explanans gehörenden Aussagen müssen eine Reihe von Adäquatheitsbedingungen erfüllen, wenn man verhindern will, daß dieses Schema Pseudoerklärungen umfaßt; insbesondere müssen die zum Explanans gehörenden Aussagen einen empirischen Gehalt besitzen und es muß darin mindestens eine Gesetzesaussage vorkommen. Eine genaue Formulierung dieser Adäquatheitsbedingungen stößt auf gewisse Schwierigkeiten, wie Hempel und Oppenheim gezeigt haben, doch wollen wir uns hier mit diesen technischen Einzelheiten nicht beschäftigen, sondern vielmehr voraussetzen, daß es geglückt sei, den Begriff der Erklärung in adäquater Weise zu explizieren[4]. Auf ein dabei auftretendes spezielles Problem kommen wir am Ende der Betrachtungen zurück.

Vorausgesetzt also, daß der Begriff der wissenschaftlichen Erklärung unter prinzipieller Zugrundelegung des obigen Schemas expliziert wor-

---

[3] C. G. Hempel und P. Oppenheim: The Logic of Explanation. Philosophy of Science *15*, 1948; abgedruckt in H. Feigl und M. Brodbeck: Readings in the Philosophy of Science, New York 1953, S. 319—352.

[4] Es sei jedoch ausdrücklich darauf hingewiesen, daß die bisherigen Explikationsversuche sich auf den Fall beschränken, daß die Sprache der niederen Prädikatenlogik zur Formulierung des Explanans wie des Explanandums ausreicht.

den ist, so kann der Begriff der kausalen Erklärung unter Bezugnahme auf eben dieses Schema so definiert werden, daß man die zusätzliche Forderung aufstellt: *Die Gesetzesaussagen $G_1, \ldots, G_r$ müssen den Charakter von Kausalgesetzen haben.*

Um mit dieser Begriffsbestimmung etwas anfangen zu können, muß aber jetzt der Begriff des Kausalgesetzes definiert werden. Es dürfte aussichtslos sein, ein einziges Merkmal zu suchen, durch welches sich Kausalgesetze von anderen Gesetzen unterscheiden lassen. Vielmehr muß man Gesetzesaussagen nach den verschiedensten Hinsichten klassifizieren, um alle jene Eigenschaften zu erhalten, die für Kausalgesetze wesentlich sind[5]. Ausdrücklich möchte ich dabei vorausschicken, daß die folgenden Betrachtungen insofern nur vorläufigen Charakter tragen, als alle angeführten Merkmalsbegriffe ihrerseits einer genaueren Explikation bedürftig sind.

Zunächst können wir die Gesetze dem Typus nach einteilen in deterministische und statistische. *Deterministische Gesetzmäßigkeiten* ermöglichen die genaue Erklärung bzw. die genaue Voraussage einzelner Ereignisse oder genauer: gewisser Züge (Merkmale) an diesen Ereignissen[6]. *Statistische Gesetzmäßigkeiten* hingegen gestatten Voraussagen der Einzelzüge von Ereignissen nur mit einer bestimmten Wahrscheinlichkeit. Wenn man für den Begriff des deterministischen physikalischen Gesetzes eine genaue Explikation geben will, so muß man, wie es scheint, folgendes beachten: Der Begriff des Determinismus ist so scharf zu fassen, daß er nicht nur den Gesetzesbegriff, sondern darüber hinaus den Zustandsbegriff betrifft. Der Grund dafür liegt darin, daß z.B. auch die Gesetze der Quantenmechanik als deterministische Gesetze formulierbar sind, wie etwa die mit Differenzialgleichungen operierende Wellenmechanik zeigt. Wenn trotzdem mit Hilfe dieser Gesetze nicht genau auf künftige Zustände geschlossen werden kann, die in bezug auf ihre Einzelmerkmale bestimmt sind, sondern nur auf die Wahrscheinlichkeit solcher Zustände, so beruht dies auf einer Änderung des Zustandsbegriffs innerhalb der Quantenmechanik. Dort nämlich sind die Zustände selbst nur bis auf Wahrscheinlichkeiten bestimmt, weshalb man die quantenphysikalischen Gesetzmäßigkeiten als deterministische Gesetze bezeichnen kann, welche gegenwärtige Wahr-

---

[5] Die meisten Anregungen für die folgenden Betrachtungen zum Begriff des Kausalgesetzes verdanke ich der Abhandlung von H. FEIGL: Notes on Causality; erschienen in: H. FEIGL und M. BRODBECK: Readings in the Philosophy of Science, New York 1953, S. 408—418.

[6] Wenn wir von der Erklärung von Ereignissen sprechen, so ist dies selbstverständlich immer eine ungenaue Sprechweise; denn kein Ereignis kann in bezug auf alle seine Eigenschaften — zu denen auch sämtliche raumzeitlichen Relationen zu den übrigen Ereignissen des Universums gehören — erklärt werden, sondern nur in bezug auf bestimmte Merkmale, die je nach Sachlage als erklärungsbedürftig erscheinen.

scheinlichkeiten mit künftigen Wahrscheinlichkeiten verknüpfen[7]. Wegen dieser Tatsache, daß man die statistische Komponente vom Gesetzesbegriff auf den Zustandsbegriff „abschieben" kann, ist man genötigt, den Begriff des Determinismus so zu fassen, daß er sich nicht nur auf die Gesetze selbst, sondern auch auf die durch die Antecedens-Bedingungen beschreibbaren Zustände erstreckt; mit anderen Worten, der Wahrscheinlichkeitsbegriff darf in den deterministischen Zustandsbegriff nicht Eingang finden. Es ist dies nur eines der Probleme, die mit dem Begriff des Determinismus verknüpft sind. Ein anderes bildet z. B. der Begriff des geschlossenen Systems, auf dessen Diskussion hier jedoch nicht eingegangen werden kann.

Der Begriff des Determinismus ist jedenfalls als Merkmal in den Begriff des Kausalgesetzes einzubeziehen; denn wollte man auch statistische Gesetze in die Klasse der Kausalgesetze einordnen, so wäre der ganze Streit darüber, ob die Gesetze der modernen Physik kausal interpretierbar sind oder nicht, gegenstandslos geworden. Das Merkmal des Determinismus genügt aber keinesfalls, um Kausalgesetze zu charakterisieren. Dazu ist eine Einteilung der Gesetze nach weiteren Gesichtspunkten erforderlich.

Neben der Einteilung nach Typen können Gesetze auch nach der Form der Begriffe, die in ihnen vorkommen, unterschieden werden. Die einfachste Begriffsform, die wir vor allem im alltäglichen Denken am häufigsten antreffen, bilden die *qualitativen* oder *klassifikatorischen Begriffe*. Sie dienen dazu, Dinge oder Vorgänge in einander ausschließende Arten einzuteilen. Die mit Hilfe solcher Begriffe gebildeten Gesetze könnte man *qualitative Gesetze* nennen. Beispiele dafür wären etwa „Reibung erzeugt Wärme", „dicke Bleiplatten werden von Röntgenstrahlen nicht durchdrungen", „Konjunkturkrisen entstehen durch Fehlleitung von Geldkapital". Eine höhere Begriffsform bilden die sogenannten *komparativen* oder *topologischen* Begriffe, die immer dann zur Anwendung gelangen, wenn Vergleichsfeststellungen vorgenommen werden. Im Alltag werden solche Begriffe gewöhnlich durch die Komparativform des Adjektivs wiedergegeben, also entweder mit Hilfe der Ausdrücke „mehr" und „weniger" oder durch solche Ausdrücke wie „wärmer", „größer", „länger", „kürzer" usw. Die Beschreibungen, zu denen man mit Hilfe dieser Begriffe gelangt, sind wesentlich genauer als jene, die durch qualitative Begriffe ermöglicht werden. Gesetze, in denen solche Begriffe vorkommen, sollen *topologische Gesetze* heißen. Beispiele dafür sind etwa die Aus-

---

[7] In der Matrizenmechanik wird mit sogenannten *Zustands*vektoren gearbeitet. Auch diese legen die faktischen Einzelzustände nur bis auf Wahrscheinlichkeiten fest.

sagen „je größer der Abstand zwischen zwei Massen, desto geringer ihre wechselseitige Anziehung" oder „je höher die Temperatur, desto größer die Geschwindigkeit chemischer Reaktionen".

Die präziseste Begriffsform, über die wir verfügen, stellen aber die *quantitativen* oder *metrischen* Begriffe dar, durch welche Dinge oder Ereignisse mittels numerischer Werte charakterisiert werden. Die meisten physikalischen Begriffe gehören hierher, also z. B. die Begriffe der Zeitdauer, der Temperatur, der Länge, der Geschwindigkeit, des Volumens usw. Gesetze, in denen über funktionelle Relationen zwischen solchen Größen gesprochen wird, nennen wir *quantitative Gesetze*. Als Beispiel hierfür könnte man irgendein beliebiges physikalisches Gesetz anführen. Wenn von Kausalgesetzen gesprochen wurde, so hat man wohl immer stillschweigend vorausgesetzt, daß es sich dabei um quantitative Gesetze handeln müsse.

Man kann ferner die Gesetze nach ihrer Gestalt unterscheiden in *Sukzessions-* und *Koexistenz-Gesetze*. Die ersteren betreffen Ereignisfolgen, in den letzteren hingegen wird das gleichzeitige Vorkommen, also die Koexistenz, von Eigenschaften von Dingen ausgesagt. Wenn man z. B. die physikalischen und chemischen Eigenschaften von Substanzen angibt, so läuft dies darauf hinaus, daß bestimmte Koexistenzgesetze aufgestellt werden. Es ist selbstverständlich, daß Kausalgesetze von der ersten Art sind. Allerdings wird dabei vorausgesetzt, daß die reinliche Unterscheidung zwischen diesen beiden Gesetzesarten immer möglich ist. Gegen diese Annahme sind berechtigte Zweifel erhoben worden[8]. Sofern z. B. in einer Gesetzesaussage ein Dispositionsprädikat vorkommt, scheint diese Aussage sowohl eine Formulierung als Sukzessions- wie als Koexistenz-Gesetz zu gestatten. Der Satz „Zucker ist in Wasser löslich" scheint ein Gesetz der Koexistenz auszudrücken. Denn er besagt ja, daß die Merkmale des Zuckers stets zusammen mit dem Merkmal der Löslichkeit in Wasser auftreten. Wenn man hingegen den Satz wiedergibt durch die Aussage „jedesmal, wenn ein Zuckerstück ins Wasser gegeben wird, so löst es sich auf", so scheint er ein Subzessionsgesetz zu beinhalten.

Gesetze lassen sich weiter nach der Stufe einteilen in *Makro-* und *Mikro-Gesetze*. Ein typisches Beispiel für diese Unterscheidung bildet die Wärmelehre. Die klassische Thermodynamik war eine Makrotheorie, deren Grundbegriffe wie „Temperatur", „Druck", „Volumen" der physikalischen Makrowelt angehören und daher auch alle prinzipiell der Beobachtung zugänglich sind. Die Gesetze dieser Theorie waren Makrogesetze, die sich jedoch deduzieren lassen aus den Prinzipien der kineti-

---

[8] Vgl. dazu A. PAP: Analytische Erkenntnistheorie, Wien 1955, S. 129.

schen Wärmelehre oder statistischen Thermodynamik. Da der Wärmebegriff in der letzteren auf Molekularbewegungen zurückgeführt wird, handelt es sich um eine Mikrotheorie mit Mikrogesetzen. Eine analoge Unterscheidung findet man auch in anderen Bereichen, selbst in der Soziologie und Nationalökonomie. Es besteht heute allgemein die Tendenz, Makrogesetzmäßigkeiten auf Mikrogesetze zurückzuführen. Daher können wir auch die Eigenschaft, ein Mikrogesetz zu sein, als Merkmal in den Begriff des Kausalgesetzes einbeziehen. Wenn man dieses Merkmal mit dem früheren verknüpft, wonach es sich hierbei um quantitative Gesetze handelt, so kann man jetzt etwas genauer den Grund dafür angeben, daß bei der Formulierung physikalischer Gesetzmäßigkeiten nicht mehr mit den Begriffen Ursache und Wirkung operiert wird: Die Ursache-Wirkung-Terminologie scheint nämlich nur für die qualitativen Gesetzmäßigkeiten auf der Makrostufe adäquat zu sein. Bereits mit dem Übergang zu physikalischen Mikrobegriffen wird der Bereich des Alltäglichen und anschaulich Vorstellbaren verlassen und damit werden zahlreiche alltägliche Begriffe nicht mehr anwendbar, darunter insbesondere auch der Begriff der Ursache. Wenn dann die Gesetzmäßigkeiten außerdem noch in einer rein quantitativen Sprache formuliert werden, so ist das Denken in Ursachen und Wirkungen vollends preisgegeben; denn an die Stelle von Aussagen über Ursache-Wirkungs-Relationen müssen jetzt Aussagen über funktionelle Beziehungen zwischen exakt meßbaren Größen, also Aussagen in einem mathematischen Gewande, treten.

Bei der zuletzt erwähnten Unterscheidung der Gesetze in Makro- und Mikrogesetze ist allerdings ebenso wie bei der Unterscheidung in Gesetze der Sukzession und der Koexistenz zu bedenken, daß es sich nicht um einen absoluten Unterschied handelt, den man durch eine exakte Definition ein für allemal festlegen könnte. Vielmehr ist es ein relativer Unterschied, was sich schon allein darin äußert, daß es sich im gegebenen Fall aus methodologischen Gründen als zweckmäßig erweisen kann, mehr als zwei Stufen zu unterscheiden.

Außer den bisher angeführten scheint es noch eine Reihe von weiteren Merkmalen zu geben, die man in den Begriff des Kausalgesetzes einbeziehen muß. Diese Merkmale sollen hier nur ganz kurz angedeutet werden. Zunächst wären die *Homogenität und Isotropie von Raum und Zeit* zu erwähnen. Die erstere beinhaltet den rein relationalen Charakter von Raum und Zeit, also dies, daß der bestimmte Ort und die bestimmte Zeit, zu denen ein Ereignis stattfindet, auf die Eigenschaften dieses Ereignisses keinen Einfluß haben. Die Isotropie des Raumes besagt, daß es für die Ausbreitung von Vorgängen keinen Unterschied ausmacht, nach welchen Raumrichtungen hin diese Ausbreitungen erfolgen.

Ein weiteres Merkmal von Kausalgesetzen dürfte dies sein, daß es sich bei ihnen um sogenannte *Nahwirkungs-Gesetze* handelt. Darin liegt insbesondere der Gedanke beschlossen, daß die Geschwindigkeit der Ausbreitung von Vorgängen eine obere Grenze hat sowie daß die Ausbreitung, z. B. von physikalischen Kraftfeldern, eine raum-zeitlich stetige ist.

Ein weiteres Moment betrifft eine Eigenschaft jener Funktionen, welche bei Vorliegen quantitativer Gesetzmäßigkeiten die Abhängigkeiten zwischen den an dem Gesetz beteiligten Größen festlegen. Es handelt sich dabei um den Gedanken, daß alle Naturgesetze mit Hilfe von solchen Funktionen dargestellt werden können, die *im mathematischen Sinne stetig* sind. Diese Stetigkeitsforderung kann man, wie Feigl hervorhebt, als die moderne Fassung des alten Grundsatzes „natura non facit saltus" ansehen, die in der Philosophie von Leibniz die Gestalt eines eigenen metaphysischen Prinzips, der „lex continui", angenommen hatte. Bekanntlich ist dieses Prinzip durch die modernen Theorien über die atomare Struktur der Materie sehr in Frage gestellt worden.

Man könnte schließlich als weiteres Moment das Bestehen von bestimmten *physikalischen Erhaltungsprinzipien* anführen. Darin läßt sich einerseits das moderne Korrelat zum Prinzip von der Erhaltung der Substanz erblicken, welches noch für Kant eine metaphysische Voraussetzung der Erfahrungserkenntnis bildete, andererseits kann man darin vielleicht auch einen abstrakten und sehr entfernten Verwandten des mittelalterlichen Prinzips sehen: „Causa aequat effectum". Zu den angeführten Merkmalen lassen sich vermutlich noch weitere hinzufügen; doch wir wollen uns mit den bisher erwähnten begnügen, zumal der Begriff des Kausalgesetzes bereits durch diese einen hohen Grad an Komplexität erhalten hat. Denn auf die Frage: „Was sind Kausalgesetze?" müssen wir nach diesen Betrachtungen die Antwort geben: *Kausalgesetze sind quantitative, deterministische, mittels stetiger mathematischer Funktionen darstellbare Mikro-Sukzessions-Nahwirkungsgesetze, die sich auf ein homogenes und isotropes, von bestimmten Erhaltungsprinzipien beherrschtes Raum-Zeit-Kontinuum beziehen.* Zu diesem Begriff seien noch drei Bemerkungen gemacht:

1. Die Kompliziertheit dieses Begriffs des Kausalgesetzes dürfte wohl endgültig demonstrieren, daß jeder Versuch, die drei zur Diskussion stehenden Kausalbegriffe (Kausalgesetz, kausale Erklärung und Kausalprinzip) auf dem Wege über eine vorausgehende Präzisierung der Begriffe Ursache und Wirkung einzuführen, vollkommen hoffnungslos ist.

2. Unter den angeführten Merkmalen tritt eines nicht auf, welches in früheren Zeiten oft als das Hauptmerkmal der Kausalität angesehen wurde: das Merkmal der *Notwendigkeit*. Es war das bedeutsamste Verdienst von D. Hume, den Begriff der Notwendigkeit aus dem Kausalbegriff eliminiert zu haben. In diesem (aber auch *nur* in diesem!) Punkte

kann man Humes Analyse des Kausalbegriffs akzeptieren[9]. Der Begriff der kausalen Notwendigkeit ist nichts anderes als ein letzter Rest einer animistischen Weltauffassung; denn wenn dabei daran gedacht wird, daß ein Weltzustand einen folgenden *kausal hervorrufe,* so deutet man dabei die Notwendigkeit im Sinne einer Nötigung, also eines psychischen Zwanges, wie wir ihn aus der Selbsterfahrung kennen; der Weltablauf wird dabei bildlich so vorgestellt, als übe stets ein Weltzustand auf den folgenden einen Zwang aus.

3. Jede Begriffsexplikation enthält konventionelle Züge, d. h. sie beruht wenigstens zum Teil auf Festsetzungen. Wie aus der obigen Definition hervorgeht, ist die konventionelle Komponente bei der Präzisierung des Begriffs des Kausalgesetzes besonders stark. Man kann nämlich darüber diskutieren, ob wirklich alle angeführten Merkmale in den Begriff des Kausalgesetzes einbezogen werden sollen. So wäre es z. B. theoretisch denkbar, daß in einer Welt der Charakter von physikalischen Vorgängen davon abhinge, in welcher räumlichen Richtung diese Vorgänge verlaufen; oder es könnte z. B. die Beschaffenheit eines Ereignisses von der Raum-Zeitstelle abhängen, an der dieses Ereignis stattfindet, in mathematischer Sprache ausgedrückt: die Raum- und Zeitvariablen würden explizit in jene Funktionen eingehen, durch welche Naturgesetze mathematisch dargestellt werden. Wenn in einer solchen merkwürdigen Welt Gesetze gelten, welche die übrigen Bestimmungen erfüllen, die oben in den Begriff des Kausalgesetzes einbezogen wurden, so würde man vermutlich trotzdem sagen, daß diese Welt von Kausalgesetzen beherrscht sei. Darin könnte man ein Symptom dafür erblicken, daß die Homogenität und Isotropie von Raum und Zeit keine Wesensmerkmale des Begriffs des Kausalgesetzes darstellen.

Angesichts dieser Situation kann man nur die Frage stellen, ob es nicht irgendwelche Merkmale gibt, die zusammen vorkommen *müssen,* damit sich überhaupt noch sinnvoll von Kausalgesetzen sprechen läßt. Tatsächlich scheinen drei der angeführten Merkmale diesen „Minimalbegriff" des Kausalgesetzes auszumachen: nur *quantitative, deterministische Nahwirkungsgesetze* können als Kausalgesetze bezeichnet werden. Daß der Begriff des Determinismus mit einbezogen werden muß, bedarf

---

[9] Es ist seltsamer Weise immer wieder die Auffassung zu hören, daß D. Hume auch in bezug auf die Frage der Kausalität einen skeptischen Standpunkt vertrete und „die Kausalität leugne". Dies ist aber so wenig der Fall, als vielmehr Hume der erste Philosoph gewesen zu sein scheint, dem es klar wurde, daß man vor allem den *Sinn* der Redewendung „*A* ist die Ursache von *B*" explizieren müsse, d. h., daß man sagen müsse, *was man damit überhaupt meint.* Humes Explikation kann so interpretiert werden, daß er die Phrase „*A* ist die Ursache von *B*" übersetzt in die andere „ein Ereignis von der Art *A* ist *regelmäßig verknüpft* mit einem solchen von der Art *B*" (und nicht etwa: „... ist notwendig verknüpft mit...").

nach dem früher Gesagten keiner weiteren Rechtfertigung. Daß es sich um Nahwirkungsgesetze handeln muß, ergibt sich daraus, daß man bei der Annahme unendlich rascher Ausbreitungen von physikalischen Vorgängen überhaupt nicht mehr von Gesetzen sprechen kann, welche Ereignisfolgen betreffen, während man doch sicherlich nur solche Gesetze Kausalgesetze wird nennen wollen, die sich auf zeitlich aufeinanderfolgende Ereignisse beziehen. Daß auch das Merkmal „quantitativ" einzuschließen ist, kann man sich leicht an einem Gedankenexperiment klarmachen: Angenommen, es würde in einer Welt das *qualitative* Gesetz gelten, daß Quecksilber sich bei Erwärmung ausdehnt; es wäre jedoch nicht möglich, diesem Gesetz eine quantitative Fassung zu geben, weil ein und dieselbe Quecksilbersäule sich z. B. bei gleicher Erwärmung (und Gleichheit aller übrigen Bedingungen) das eine Mal um 1 mm, das andere Mal um 15 cm ausdehnen würde. Wir werden nicht geneigt sein, die quantitativ überhaupt nicht formulierbaren Gesetze einer solchen Welt als Kausalgesetze zu bezeichnen.

Für unser Problem ist die Feststellung wichtig, *daß die konventionellen Züge im Begriff des Kausalgesetzes sich auch auf die Begriffe der kausalen Erklärung und des Kausalprinzips übertragen*. Denn je nachdem, ob man den durch die drei Minimalbedingungen charakterisierten weitesten Begriff des Kausalgesetzes oder einen engeren Begriff zugrunde legt, der sich durch Hinzufügung einiger weiterer Merkmale wie Homogenität des Raumes usw. ergibt, erhält der Ausdruck „kausale Erklärung", aber — was vor allem philosophisch wichtig ist — auch das allgemeine Kausalprinzip eine andere Bedeutung.

Verlassen wir jetzt den Begriff des Kausalgesetzes und wenden wir uns den anderen Kausalbegriffen zu! Unter der Voraussetzung, daß eine befriedigende Explikation des Begriffs des Kausalgesetzes vorliegt, können wir sofort sagen, worin eine *adäquate kausale Erklärung eines Ereignisses* besteht: sie liegt dann vor, wenn eine Erklärung gegeben ist, welche alle (hier nicht näher ausgeführten) Adäquatheitsbedingungen der wissenschaftlichen Erklärung erfüllt und die außerdem der zusätzlichen Bedingung genügt, daß die im Explanans verwendeten Gesetzesaussagen Kausalgesetze sind.

Auch der Begriff der Ursache kann, wie früher angekündigt wurde, jetzt im nachhinein definiert werden: Vorausgesetzt, daß es für ein Ereignis E eine adäquate kausale Erklärung gibt, kann man unter der Ursache von E die Gesamtheit der Antecedensbedingungen verstehen, die im Explanans von E vorkommen. Es muß jedoch als zweifelhaft erscheinen, ob der so gefaßte Ursachebegriff irgendeine theoretische oder praktische Bedeutung besitzt.

Und wie steht es mit dem allgemeinen Kausalprinzip? Hier hat an die Stelle der ursprünglichen Formulierung „jedes Ereignis hat eine

Ursache" die neue zu treten: *„zu jedem Ereignis gibt es eine adäquate kausale Erklärung"*. Auch dieses Prinzip ist damit auf die beiden Begriffe des Kausalgesetzes und der wissenschaftlichen Erklärung zurückgeführt worden.

Bisher haben wir uns immer nur mit Fragen der Begriffsexplikation beschäftigt. Existenzfragen und Geltungsprobleme wurden nicht aufgeworfen, also z. B. die Fragen, ob es Kausalgesetze *gibt* und ob das Kausalprinzip *gilt*. Bevor ich hier noch über diese Fragen einige Bemerkungen mache, mußt etwas betont werden, das heute zwar allgemein anerkannt ist, in einer Diskussion der Kausalprobleme aber leicht übersehen wird: Alle Gesetzesaussagen, mit denen man in den einzelnen Wissenschaften arbeitet, sind bloße hypothetische Annahmen. Niemals können wir auch nur eine einzige Gesetzesaussage definitiv verifizieren, gleichgültig, ob es sich hierbei um Kausalgesetze handelt oder nicht. Deshalb stecken auch in jeder kausalen Erklärung hypothetische Komponenten, nämlich die Gesetzesaussagen, die früher im Schema der Erklärung mit $G_1, \ldots, G_r$ bezeichnet wurden. Daß eine Erklärung adäquat sei, darf also keinesfalls so gedeutet werden, als sei in einer solchen Erklärung das hypothetische Moment zum Verschwinden gebracht worden.

Wenn wir jetzt versuchen, alle Fragen, die man im Zusammenhang mit der Kausalität aufwerfen kann, zusammenzustellen, so gelangen wir zu den folgenden sieben Problemen:

1. Frage: Was ist ein Kausalgesetz?
2. Frage: Was ist eine kausale Erklärung?
3. Frage: Wie lautet das allgemeine Kausalprinzip?
4. Frage: Was ist unter einer Ursache zu verstehen?
5. Frage: Gibt es Kausalgesetze?
6. Frage: Sind alle Gesetze in der Welt Kausalgesetze?
7. Frage: Gilt das allgemeine Kausalprinzip[10]?

Nur mit den ersten vier Fragen haben wir uns beschäftigt und auch nur diese Fragen scheinen philosophische Fragen zu sein. Die Beantwortung der Fragen 5 bis 7 muß man dem Naturforscher überlassen; denn es handelt sich hierbei um empirische Probleme, die man nicht — nach dem Vorbild des Diogenes in der Tonne — durch reines Nachdenken entscheiden kann. Darum gibt es auch überhaupt kein philosophisches Problem des Determinismus, wenn man nämlich darunter die Frage versteht, ob die Welt von deterministischen Gesetzen beherrscht wird. Wenn wir aber

---

[10] Die siebente Frage ist nicht etwa mit der vorangehenden gleichbedeutend. Denn es könnte ja der Fall sein, daß zwar alle Gesetze in der Welt Kausalgesetze sind, daneben aber Ereignisse existieren, die unter kein Gesetz subsumierbar und daher auch nicht erklärbar sind. In einer solchen Welt würde selbstverständlich das Kausalprinzip nicht gelten.

für einen Augenblick dasjenige zugrunde legen, was der heutige Naturforscher zu diesen Problemen zu sagen hat, so erhalten wir nur negative Antworten: die fünfte Frage und damit eo ipso auch die sechste würden verneint werden. Und was die siebente Frage betrifft, so würde ein heutiger Physiker nicht nur leugnen, daß es zu jedem Ereignis eine adäquate kausale Erklärung gibt, sondern vermutlich die wesentlich schärfere Behauptung aufstellen, daß für *kein* Ereignis eine wissenschaftlich haltbare kausale Erklärung existiert. Diese für jeden Kausalitätsfanatiker niederschmetternden Antworten würden wir zumindest erhalten, wenn wir den früher definierten engsten Begriff des Kausalgesetzes zugrunde legen. Verwenden wir hingegen einen weiteren Begriff, so werden wir vielleicht auf die fünfte Frage noch eine bejahende Antwort erhalten, da es auf der physikalischen Makrostufe Gesetze gibt, die man als kausal bezeichnen kann. Die Antworten auf die beiden letzten Fragen werden dagegen weiterhin verneinend bleiben (wenn jetzt auch die erwähnte „verschärfte Negation" im Falle 7 nicht mehr gilt).

Gegen die Antwort auf die letzte Frage wird vielleicht von philosophischer Seite protestiert werden. Es wurde ja immer wieder behauptet, daß die Gültigkeit des allgemeinen Kausalprinzips eine Voraussetzung für die erfahrungswissenschaftliche Erkenntnis bilde. A. Pap hat in seiner Analytischen Erkenntnistheorie versucht, dieser Behauptung unter der Voraussetzung, daß überhaupt Kausalgesetze gefunden werden, einen Sinn zu geben[11]. Er bringt dazu das folgende Bild: Wenn jemand in einem Teich nach Fischen sucht, so ist der Glaube, daß es in diesem Teich Fische gibt, eine Voraussetzung für sein Handeln. Und jeder einzelne gefangene Fisch ist eine nachträgliche empirische Bestätigung dieser Annahme. Ebenso kann man sagen, daß der Glaube an das allgemeine Kausalprinzip eine „pragmatische Voraussetzung" des Handelns jener Wissenschaftler ist, die sich auf der Suche nach Kausalgesetzen befinden. Und analog wie im Beispiel des Fischers würde dann jedes einzelne in der Wissenschaft gefundene Kausalgesetz eine nachträgliche empirische Bestätigung des allgemeinen Kausalprinzips sein. Dessen Charakter als einer pragmatischen Voraussetzung für die wissenschaftliche Tätigkeit wäre also mit seinem empirischen Gehalt vereinbar.

Selbst wenn wir von der dabei gemachten problematischen Voraussetzung der Existenz von Kausalgesetzen absehen, so hinkt das Bild mit dem Fischer in einer wesentlichen Hinsicht: Man kann in den einzelnen Wissenschaften prinzipiell Kausalgesetze nicht einfach „finden", so wie der glückliche Fischer die Fische im Teich vorfindet, und zwar deshalb nicht, weil diese Gesetze hypothetische Annahmen darstellen. Dies führt

---

[11] A. a. O., S. 138 f.

zu einem sehr wichtigen Punkt: Das Kausalprinzip lautet in unserer Fassung: „Zu *jedem* Ereignis *gibt es* eine adäquate kausale Erklärung." In der ursprünglichen Fassung wurde es so formuliert: „Zu *jedem* Ereignis *gibt es* eine Ursache." Es handelt sich also um eine kombinierte All- und Existenzbehauptung. Und da bekanntlich Allsätze nicht verifizierbar und Existenzsätze nicht falsifizierbar sind, so kann das allgemeine Kausalprinzip weder das eine noch das andere sein. Die Nichtverifizierbarkeit teilt das Kausalprinzip mit den übrigen Naturgesetzen. Während aber diese wenigstens in der Regel so geartet sind, daß sie auf Grund von Beobachtungen widerlegt werden können, kann nichts, was sich auch in der Welt ereignen mag, dem Kausalprinzip widersprechen. Dieses Moment rückt das Kausalprinzip in eine Nähe zu den logischen Tautologien und ist vielleicht dafür verantwortlich zu machen, daß dieses Prinzip häufig als ein a priori gültiger Satz angesehen wurde.

Man kann den Sachverhalt anschaulich illustrieren, wenn man das obige Fischer-Beispiel so modifiziert, daß sich der Glaube des Fischers — der die Voraussetzung für sein Handeln bilden soll — nur als eine kombinierte All- und Existenzbehauptung aussprechen läßt. Wir müssen uns dazu vorstellen, daß der Fischer vor einer unbegrenzten Folge von immer neuen Teichen steht und daß er eine unbegrenzte Lebensdauer besitzt. Er zieht in alle Ewigkeit von Teich zu Teich, um darin Fische zu fangen. Der Glaube, welcher ihn dabei beherrscht, ist der: „In *jedem* Teich dieser Folge *gibt es* Fische." Er kann diesen Satz niemals beweisen, da er selbst nach einer noch so langen Zeit doch immer nur in endlich vielen Teichen sein Glück versucht haben kann, während die potentiell unendliche Folge ungeprüfter Teiche noch vor ihm liegt. Dieser sein Glaube ist aber auch durch keine Beobachtung definitiv widerlegbar: Wenn er in einem der Teiche nach langen Versuchen keinen Fisch gefangen hat, wird er selbst zwar geneigt sein, zu glauben, daß in diesem Teich keine Fische leben; seine Kameraden — falls es in dieser metaphysischen Welt solche geben sollte — werden hingegen eher geneigt sein, daraus einen Schluß über seine Qualitäten als Fischer zu ziehen[12].

---

[12] Nebenbei bemerkt ist übrigens der Glaube des Fischers in einem zu starken Satz formuliert worden. Damit es für den Fischer sinnvoll ist, stets weiter zu ziehen und in immer neuen Teichen nach Fischen zu suchen, braucht er nicht zu glauben, daß es in jedem der Teiche Fische gibt, sondern nur, daß er in der Folge der Teiche *immer wieder* auf solche stoßen wird, die Fische enthalten. Analog könnte man sagen, daß das allgemeine Kausalprinzip nicht einmal in einem pragmatischen Sinne eine Voraussetzung für das Suchen eines Wissenschaftlers nach Kausalgesetzen bildet. Der Wissenschaftler muß nur glauben, daß man in der Welt (oder in seinem speziellen Forschungsbereich) immer wieder auf Kausalgesetze stößt, aber nicht, daß alle Gesetze Kausalgesetze sind, und nicht einmal dies, daß alles in der Welt unter Gesetze subsumierbar ist.

Man könnte jetzt die Frage stellen, ob es nicht ein Prinzip gibt, welches eine Verallgemeinerung des Kausalprinzips darstellt und welches tatsächlich in allen empirischen Wissenschaften zumindest in einem pragmatischen Sinn vorausgesetzt wird (mit den in der letzten Fußnote erwähnten Einschränkungen). Ein solches Prinzip gibt es in der Tat. So wie nämlich das allgemeine Kausalprinzip mit Hilfe des Begriffs der adäquaten kausalen Erklärung formuliert wurde, können wir ein formal vollkommen analoges Prinzip aufstellen, wenn wir den Ausdruck „kausal" streichen und nur mehr mit dem allgemeinen Begriff der adäquaten Erklärung operieren. Das Prinzip lautet dann: *Für jedes Ereignis gibt es eine adäquate wissenschaftliche Erklärung.* Man könnte dieses Prinzip etwa das *allgemeine Erklärungsprinzip* oder das *allgemeine Gesetzesprinzip* nennen.

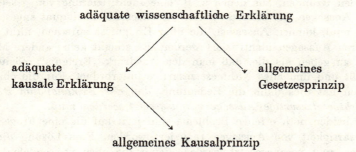

Dieses allgemeine Gesetzesprinzip wird von fast allen Forschern, die überhaupt auf Gesetzeserkenntnisse abzielen, in einem pragmatischen Sinne als gültig vorausgesetzt; und dieses Gesetz ist es auch, welches indirekt positiv bestätigt wird durch jedes direkt bestätigte spezielle Gesetz — genauer: durch jedes direkt positiv bestätigte spezielle hypothetische Gesetz —, mag dieses nun kausaler Natur sein oder nicht. Wenn man dagegen versuchen wollte, diesem Prinzip den Charakter einer logischen Voraussetzung aller auf Gesetzeserkenntnis abzielenden Wissenschaften zu verleihen, so würde diese Behauptung entweder auf eine Tautologie hinauslaufen oder sie würde einer genaueren Kritik nicht standhalten. Das erste wäre dann der Fall, wenn man diese These so interpretieren wollte, daß sie besagt: „Das allgemeine Gesetzesprinzip muß gelten, damit man für alles in der Welt eine wissenschaftliche Erklärung mit Hilfe von Gesetzen finden kann"; das zweite wäre dann der Fall, wenn behauptet würde, daß das allgemeine Gesetzesprinzip gelten müsse, damit es Gesetzeswissenschaften gibt. Die Unrichtigkeit dieser Behauptung läge darin, daß ja Gesetze auch dann in der Welt gefunden werden können, wenn *nicht alle* Geschehnisse unter Gesetze subsumierbar sind.

Ein offenes Problem muß zum Abschluß wenigstens angedeutet werden: Wir sprachen immer wieder von Gesetzen und von Ereignissen. Was aber sind Gesetze und was sind Ereignisse? Ohne Zweifel handelt es sich hierbei um aufklärungsbedürftige Begriffe. Was den Gesetzesbegriff betrifft, so hat vor allem NELSON GOODMAN[13] auf Grund scharfsinniger Analysen gezeigt, daß die bisherigen Versuche einer Präzisierung dieses Begriffs fehlgeschlagen sind. Er hat aber zugleich positive Ansätze für eine Explikation dieses Begriffs der Gesetzesartigkeit geliefert. Es ist zu hoffen, daß auf dieser oder einer anderen Linie eine endgültige Klärung herbeigeführt werden kann.

Das Versagen der bisherigen Versuche, den Gesetzesbegriff zu definieren, zeigt zugleich, daß die Aufgabe der Klärung des Begriffs des Ereignisses nur die Kehrseite desselben Problems darstellt. Denn aus genau den Gründen, aus denen z. B. eine Identifizierung von gesetzesartigen Aussagen mit unbeschränkten Allsätzen als inadäquat angesehen werden muß, können Aussagen, die über Ereignisse sprechen, nicht mit singulären Aussagen identifiziert werden. Es scheint keine andere Möglichkeit zu geben als die, daß man den Ausdruck „Ereignis" möglichst weit faßt und ihm alles Nichtgesetzesartige unterordnet. Für die obigen Analysen hat dies dann die Bedeutung, *daß das Explanandum E als eine nichtgesetzesartige Aussage vorausgesetzt werden muß*.

Die beiden noch offenen Probleme sind jetzt auf die eine Frage der Gesetzesartigkeit von Aussagen reduziert worden. Eine Lösung dieses Problems muß vorausgesetzt werden, damit die oben verwendeten Begriffe des Kausalgesetzes und der wissenschaftlichen Erklärung und daher auch die Begriffe der kausalen Erklärung und des allgemeinen Kausalprinzipes (bzw. des allgemeinen Gesetzesprinzips) einen präzisen Sinn erhalten. Wie die genaue Lösung aussehen wird, weiß man vorläufig nicht. Wie wichtig diese Frage ist, kann man daraus ersehen, daß auch andere Probleme der modernen Wissenschaftstheorie für ihre endgültige Lösung eine Kenntnis der Kriterien voraussetzen, durch die sich Gesetze von Nichtgesetzen unterscheiden. Zu solchen Problemkreisen gehören insbesondere die irrealen Konditionalsätze und das Induktionsproblem.

---

[13] Fact, Fiction and Forecast, Cambridge, Mass. 1955. Vgl. auch meine Diskussion dieses Buches in den Kant-Studien, Bd. 50, H. 3, 1958—59, S. 363—390.

EINIGE BEITRÄGE ZUM PROBLEM DER TELEOLOGIE UND DER ANALYSE VON SYSTEMEN MIT ZIELGERICHTETER ORGANISATION*

1. KAUSALITÄT UND TELEOLOGIE

Nach herkömmlicher Anschauung ist die teleologische oder finale Betrachtungsweise von der kausalen abzugrenzen. Während im letzteren Falle eine zweckfreie Wirklichkeitserkenntnis vorliegt, wird im ersten Fall die Welt oder ein bestimmter Ausschnitt aus ihr unter Zweckgesichtspunkten beschrieben und erklärt. Da der Begriff der Teleologie somit als eine Art von Gegenbegriff zu dem der Kausalität konstruiert werden soll, empfiehlt es sich zwecks Präzisierung des Verhältnißes von kausaler und teleologischer Betrachtungsweise, zunächst die Zusammenhänge aufzusuchen, in denen von Kausalität die Rede ist; denn die verschiedenen mit der Kausalität zusammenhängenden Begriffe sind in den bisherigen Untersuchungen schärfer bestimmt worden als die analogen Begriffe, die der teleologischen Auffassungsweise entsprechen.

Von Kausalität ist hauptsächlich in drei Kontexten die Rede: Bestimmte *Gesetze* werden als kausale ausgezeichnet, ferner werden kausale *Erklärungen* von nichtkausalen unterschieden und schliesslich wird bisweilen in naturphilosophischen Betrachtungen das *allgemeine Kausalprinzip* zur Diskussion gestellt.[1]

Ein scheinbar vierter Typus von Kontexten: die alltäglichen *singulären Kausalurteile* ('das Ereignis B ist durch die Umstände A verursacht worden'), wird am besten so interpretiert, daß es sich dabei um eine primitive Vorstufe von kausalen Erklärungen handelt. Der vorwissenschaftliche Charakter dieser Erklärungen äußert sich erstens darin, daß die beteiligten Gesetze in der Regel nicht nur ungenau, sondern überhaupt nicht angegeben werden, sowie zweitens darin, daß die für das zu erklärende Ereignis relevanten Bedingungen nicht näher analysiert, sondern unter dem unklaren Begriff der Ursache summarisch zusammengefaßt

---

* Contribution in honor of Professor Rudolf Carnap's seventieth birthday, received after Vol. XII no. 4 had been published *(editor's note)*.
[1] Für nähere Details vgl. [11] S. 173ff.

werden. Dieser vierte Typus kann daher außer Betracht bleiben. Ebenso dürfen wir im gegenwärtigen Zusammenhang das allgemeine Kausalprinzip unberücksichtigt lassen. Der diesem Prinzip zugrunde liegende Gedanke kann approximativ so formuliert werden, daß grundsätzlich alle Ereignisse der Welt in zutreffender Weise kausal erklärt werden können. Zum Unterschied davon würde ein allgemeines Teleologieprinzip den Gedanken zum Ausdruck bringen, daß sich für alle Vorkommnisse in der Welt eine adäquate teleologische Erklärung finden lasse. In beiden Fällen ist also der fragliche Begriff auf den des betreffenden Erklärungstypus zurückführbar. Und da in dieser Abhandlung nicht das Problem der *Gültigkeit* eines allgemeinen Teleologieprinzips erörtert werden soll, sondern die Frage der *Bedeutung* teleologischer Aussagen, genügt die Beschränkung auf die Gesetzes- und Erklärungstypen.

Was den Gesetzesbegriff betrifft, so stößt man hier gleich zu Beginn auf eine Reihe von Schwierigkeiten. Zunächst ist festzustellen, daß es anscheinend bis heute noch nicht gelungen ist, ein präzises Kriterium für den Unterschied von gesetzesartigen und nichtgesetzesartigen Aussagen anzugeben.[1]) Auf diese Frage soll hier nicht eingegangen werden; denn es handelt sich dabei um kein für den Begriff der Teleologie spezifisches Problem. Es ist vielmehr von mindestens derselben Relevanz für Fragestellungen von ganz anderer Art: z.B. für das Problem der Induktion, das Problem der Explikation des Begriffs der wissenschaftlichen Erklärung oder das Problem der irrealen Konditionalsätze. Es wäre jedenfalls nicht sinnvoll, Untersuchungen über das Problem der Teleologie mit einer bisher ungelösten Frage zu belasten, die von einer viel höheren Allgemeinheitsstufe ist als das vorliegende Problem und die in ganz anderen Zusammenhängen in derselben Gestalt wiederkehrt.

Eine zweite Schwierigkeit bildet die Abgrenzung kausaler Gesetze von nichtkausalen. Beim Versuch einer solchen Abgrenzung treten zahlreiche neue Begriffe wie 'Determinismus', 'Mikrogesetze', 'quantitative Begriffe', 'Nahwirkungsprinzip' usw. auf, die ihrerseits einer Explikation bedürftig sind. Darauf kann an dieser Stelle nicht eingegangen werden.[2]) Angenommen, die Explikation all dieser Begriffe sei in befriedigender Weise erfolgt. Dann ergibt sich noch immer keine Möglichkeit einer einwandfreien Abgrenzung kausaler Gesetze von nichtkausalen Gesetzen;

---
[1]) Vgl. [4]; siehe auch [12].
[2]) Vgl. dazu [3] und [11], S. 179ff.

denn der überlieferte Sprachgebrauch ist an dieser Stelle nicht eindeutig. Die Abgrenzung wird daher nur durch eine Festsetzung erfolgen können. Es ist nicht erforderlich, die verschiedenen möglichen Abgrenzungen zu diskutieren. Denn für unser Problem gelangen wir sofort zu einer negativen Feststellung: Wie immer auch der Begriff des Kausalgesetzes präzisiert werden mag, die nichtkausalen Gesetze können auf keinen Fall als teleologische Gesetze bezeichnet werden, sondern sind auf eine Weise zu charakterisieren, die zu den teleologischen Begriffen in keiner Beziehung steht. Falls z.B. als auszeichnendes Merkmal von Kausalgesetzen das des Determinismus genommen wird, so sind die nichtkausalen Gesetze nichtdeterministische Gesetzmäßigkeiten, d.h. statistische Gesetze. Wenn man dagegen jene Gesetze kausal nennt, die den Charakter von Nahwirkungsgesetzen haben, so würde es sich bei nichtkausalen Gesetzen um Fernwirkungsgesetze handeln (wie z.B. die Gravitation in der von Newton konzipierten Mechanik). Bei anderen Festsetzungen würde man auf den Unterschied zwischen quantitativen und qualitativen, Mikro- und Makrogesetzen, Sukzessions- und Koexistenzgesetzen stoßen usw.

Wenn es also möglich sein sollte, den Begriff der Teleologie als eine Art von 'Gegenbegriff' zu dem der Kausalität zu bilden, so kann die Abgrenzung jedenfalls nicht auf dem Wege über den Gesetzestypus erfolgen. Die nichtkausalen Gesetzmäßigkeiten sind niemals teleologische, sondern statistische (im Gegensatz zu deterministischen) oder Fernwirkungsgesetze (im Gegensatz zu Nahwirkungsgesetzen) oder qualitative (im Gegensatz zu solchen, die in quantitativer Sprache formuliert sind) oder Koexistenz- bzw. Strukturgesetze (im Gegensatz zu Sukzessionsgesetzen) usw. Um die folgenden Betrachtungen zu vereinfachen, soll angenommen werden, daß als Unterscheidungsmerkmal für die Kausalgesetzlichkeit der Begriff des Determinismus verwendet wird. Da wir nicht teleologische Gesetze von kausalen zu unterscheiden brauchen, können die Naturgesetze im allgemeinen auch Kausalgesetze i.w.S. genannt werden, die dann in die beiden Klassen der Kausalgesetze i.e.S. oder deterministischen Gesetze und der nichtkausalen oder statistischen Gesetze zerfallen.

Für den Zweck einer präzisen Abgrenzung des Begriffs der Teleologie von dem der Kausalität verbleibt als letzte Möglichkeit daher nur der Begriff der Erklärung. Es käme also darauf an, *kausale Erklärungen* von *teleologischen Erklärungen* zu unterscheiden. Bezüglich des allgemeinen Begriffs der Erklärung kann die Analyse von Hempel-Oppenheim [1]) zugrunde gelegt werden, wonach jede Erklärung eines Phänomens in der Angabe von geeigneten Antecedensbedingungen sowie von relevanten Gesetzen besteht, aus denen zusammen das Phänomen abgeleitet werden kann. Wieder können im gegenwärtigen Zusammenhang alle jene begrifflichen Schwierigkeiten außer Betracht bleiben, die im Rahmen einer präzisen Explikation des Begriffs der Erklärung zu bewältigen sind, da auch diese Schwierigkeiten für das Problem der Teleologie nicht spezifisch sind, sondern in derselben Weise bei der Explikation anderer Erklärungstypen auftreten. Wesentlich ist dagegen der Umstand, daß jede Erklärung eine Erklärung auf Grund von bestimmten *Gesetzen* ist. Kausale Erklärungen i.e.S. sind dann jene, bei denen die verwendeten Gesetze Kausalgesetze i.e.S. darstellen.[2]) Auf Grund der obigen Feststellung ergibt sich daraus aber unmittelbar, daß auch der Erklärungsbegriff keine Basis dafür liefert, um die Kausalität von der Teleologie abzugrenzen; denn teleologische Erklärungen müßten danach im Gegensatz zu den kausalen Erklärungen jene sein, bei denen die verwendeten Gesetze keine kausalen, sondern teleologische Gesetze sind. Da die nichtkausalen Gesetze aber zu einem der eben angeführten Typen gehören – je nach Abgrenzung des Begriffs des Kausalgesetzes zu einem anderen Typ, für unsere Wahl also zum Typ der statistischen Gesetze –, die mit Teleologie nichts zu tun haben, so wird auch dieser letzte Abgrenzungsversuch hinfällig.

Der Gedanke, Kausalität und Teleologie als einander logisch ausschließende und erschöpfende Unterfälle allgemeiner Prinzipien, Gesetze oder Erklärungen zu explizieren und in diesem Sinn die Teleologie als Gegenbegriff zu dem der Kausalität zu konstruieren, muß daher vollkommen preisgegeben werden. Insbesondere können teleologische Erklärungen, was immer man im einzelnen darunter verstehen mag, nicht im Prinzip von kausalen Erklärungen verschieden sein. Sie müssen

---
[1]) Vgl. [5].
[2]) Da in der Regel für eine adäquate Erklärung von Phänomenen mehrere Gesetzmäßigkeiten verwendet werden, könnte man Mischformen unterscheiden, je nachdem, ob alle verwendeten Gesetze Kausalgesetze sind ('rein kausale Erklärung') oder nur einige davon ('partiell kausale Erklärung'). Da der Gesetzestypus für das Problem der Teleologie jedoch ohne Relevanz ist, können wir von dieser feineren Unterscheidungsmöglichkeit absehen.

vielmehr auf jeden Fall zugleich kausale Erklärungen i.w.S. (d.h. Erklärungen auf Grund von Bedingungen und Gesetzen) darstellen und u.U. sogar kausale Erklärungen i.e.S.

Ein weiterer naheliegender Gedanke, das Schema der wissenschaftlichen Erklärung der Unterscheidung zwischen Kausalität und Teleologie zugrunde zu legen, muß noch kurz erwähnt werden. In bildhaften Darstellungen des Unterschiedes zwischen kausalen Prozessen und solchen, die nur teleologisch erklärbar sein sollen, wird der kausale Vorgang häufig dadurch charakterisiert, daß die einzelnen Zustände des zugrundegelegten Systems die Folgezustände determinieren, während im Fall der Teleologie das gegenwärtige Geschehen durch das künftige Geschehen bestimmt wird. Wenn man diesen Gedanken durch Anwendung auf das Schema der Erklärung zu präzisieren versucht, so ergäbe dies folgendes: Die außer den Gesetzen in der Erklärung verwendeten Antecedensbedingungen müssen dem zu erklärenden Phänomen zeitlich folgen. Der Ausdruck 'Antecedensbedingungen' ist dann natürlich nicht mehr angemessen. Sprechen wir statt dessen von Realisationsbedingungen. Wie müßte die Anwendung eines solchen teleologischen Erklärungsschemas aussehen, etwa um ein gegenwärtiges Phänomen zu erklären? Wegen des Umstandes, daß das Explanandum den Realisationsbedingungen zeitlich vorangeht, würde die Erklärung darin bestehen, daß das zu erklärende Phänomen mit Hilfe relevanter Gesetze aus geeigneten Realisationsbedingungen, *die durch Betätigung von hellseherischen Fähigkeiten erschlossen werden müßten*, abgeleitet wird. Diese Nötigung zur Abschweifung ins Gebiet der Parapsychologie ist ein drastischer Hinweis darauf, daß auch der faszinierende Gedanke, eine Rollenvertauschung von Vergangenheit und Zukunft für die Explikation des Begriffs der Teleologie nutzbar zu machen, in Wahrheit eine Sackgasse darstellt. Das Problem, ob sich dieser Gedanke eines rein teleologischen Erklärungsschemas überhaupt in logisch konsistenter Weise durchführen läßt, braucht daher nicht weiter verfolgt zu werden.

Es verbleibt noch eine Möglichkeit, die zugleich den einzig gangbaren Weg darstellt. Darin klärt sich auch sofort das Mißverständnis auf, welches dem Bild von der 'Determination der Gegenwart durch die Zukunft' zugrundeliegt. Wenn der Unterschied zwischen teleologischen und kausalen Erklärungen weder im Gesetzestypus noch im zeitlichen Verhältnis von Explanandum und Antecedensbedingungen liegt, so kann er nur *auf der Art der Antecedensbedingungen* beruhen. Da teleologische Erklärungen sich von den nichtteleologischen dadurch unterscheiden sollen, daß in ihnen der Zweckgesichtspunkt eine entscheidende Rolle spielt, so muß dieser Begriff des Zweckes oder des Zieles daher in bezug auf die Antecedensbedingungen zur Anwendung gelangen. Dieser Fall ist tatsächlich dann gegeben, wenn sich die beabsichtigten Erklärungen auf Vorgänge im menschlichen Bereich beziehen, soweit an diesen Vorgängen handelnde Personen beteiligt sind. Denn dann gehören zu den Antecedensbedingungen des Explanandums die Motive jener handelnden Personen und die darin enthaltenen Pläne zur künftigen Verwirklichung bestimmter Zielsetzungen. Wie von verschiedenen Autoren hervorgehoben worden ist, wird dadurch selbstverständlich nicht zeitlich Früheres durch Späteres determiniert; denn nicht die zeitlich auf das Explanandum folgenden Ereignisse, deren Verwirklichung von den Handelnden bezweckt wird (die zukünftigen Ziele) gehören zu den Antecedensbedingungen, sondern die Ziel*setzungen*, welche dem Handlungsbeginn vorangehen oder zumindest mit ihm gleichzeitig sind. Zielsetzungen brauchen ja überhaupt nicht verwirklicht zu werden – sie können durch den Gang der Ereignisse vereitelt werden –; jenes niemals stattfindende Künftige kann daher auch keine Realisationsbedingung für das Explanandum bilden. Das Vorliegen bewußter Zielsetzungen handelnder Wesen ist auch der einzige Fall, in dem von teleologischen Erklärungen gesprochen werden kann. Hinter dem Begriff einer *objektiven Zweckmäßigkeit*, welche nicht das Resultat bewußten Zweckhandelns ist – z.B. im Bereich der organischen Natur –, steckt nichts. Bereits von früheren Autoren – z.B. von Franz Brentano – ist zutreffend festgestellt worden, daß alle Aussagen über das Bestehen einer objektiven 'Zweckordnung' in der Welt mit solchen Aussagen gleichwertig seien, wonach diese Ordnung auf einen zwecksetzenden Willen zurückgeführt werden müsse.[1]) Wir stehen daher angesichts teleologischer Aussagen von der Gestalt 'der Gegenstand (Vorgang) *A* dient dem Zweck *B*' vor der folgenden Alternative: (a) Entweder diese Aussage läßt sich auf der Grundlage einer präzisen Explikation der darin enthaltenen Begriffe als intensionsgleich mit einer solchen

---

[1]) Daher bestand z.B. für Brentano die Aufgabe des sog. teleologischen Gottesbeweises nicht darin, aus der Zweckmäßigkeit der Welt auf die Existenz eines göttlichen Urhebers zu schließen, sondern in dem Nachweis, daß die *scheinbare* Zweckmäßigkeit der Welt auf einer *tatsächlichen* beruht.

Aussage erweisen, die eine partielle Erklärung für A enthält, zu deren Antecedensbedingungen die Motive (Ziel- oder Zwecksetzungen) handelnder Wesen gehören; m.a.W.: die vorliegende Aussage läßt sich in eine solche übersetzen, in der, statt einfach vom Zweck von *A* zu reden, explizit *Motive* oder *Zwecksetzungen* angegeben werden, die zur Erklärung von *A* oder bestimmter Beschaffenheiten von *A* heranzuziehen sind. (b) Oder aber diese Aussage muß in eine nichtteleologische Aussage übersetzbar sein, in der weder über Zwecke noch über Motive handelnder Wesen gesprochen wird, so daß sich die Rede von den Zwecken des A in der ursprünglichen Aussage als eine bloße 'façon de parler' erweist.

Dieser Alternative könnte man nur dann entgehen, wenn es sich als möglich erweisen sollte, den Begriff des Zweckes ohne Bezugnahme auf ein zwecksetzendes Bewußtsein zu präzisieren, ihn also etwa nach Analogie zu den in der modernen Physik vorkommenden Grundbegriffen als einen theoretischen Begriff im Sinne Carnaps [1]) zu konstruieren. Die Verwendung des Ausdrucks 'Zweck' für eine derartige Konstruktion würde jedoch keineswegs eine Explikation des Begriffs der Teleologie liefern, sondern nichts weiter darstellen als einen Sprachmißbrauch.

Die zuletzt angestellten Erwägungen haben offenbar bedeutsame Konsequenzen für die Frage, inwieweit zur Erklärung von Vorgängen in der organischen Natur auf teleologische Betrachtungsweisen zurückgegriffen werden darf.

Zusammenfassend ergibt sich somit folgendes:

(1) Der Unterschied zwischen Kausalität und Teleologie liegt *weder* im Gesetzestypus *noch* in der Art der Anwendung des Erklärungsschemas.

(2) Teleologische Erklärungen sind dadurch ausgezeichnet, daß die Antecedensbedingungen *Motive* (Zielsetzungen) handelnder Wesen einschließen.

(3) Die Unterscheidung zwischen *objektiver Zweckbetrachtung* (z.B. in der Natur) ohne Rückgang auf Zwecksetzungen und Betrachtung unter dem Gesichtspunkt des *Zweckhandelns* ist undurchführbar, da sich teleologische Erklärungen von kausalen *nur* im Sinne von (2) unterscheiden.

(4) Kausalität und Teleologie bilden keine Gegensätze; vielmehr sind alle teleologischen Erklärungen zugleich kausale Erklärungen i.w.S.: *Teleologische Erklärungen sind kausale Erklärungen aus Motiven.*

(5) Falls die Unterscheidung von Gesetzen in deterministische und

---
[1]) Vgl. [2].

statistische zugrunde gelegt wird und Erklärungen mittels deterministischer Gesetze als kausale Erklärungen bezeichnet werden, so ergibt sich, daß teleologische Erklärungen sogar kausale Erklärungen i.e.S. sein können. Teleologische Erklärungen gliedern sich dann in die beiden Untergruppen: (a) *kausalteleologische Erklärungen* und (b) *statistischteleologische* Erklärungen. Die Zugehörigkeit zu dem einen oder anderen Typus hängt davon ab, ob sich die Motive sowie das Verhalten der in der Erklärung angeführten handelnden Wesen unter deterministische Gesetze subsumieren lassen oder ob sie nur in der Gestalt statistisch beschreibbarer Regelmäßigkeiten erfaßbar sind.

2. DIE DREI SCHICHTEN SCHEINBARER TELEOLOGIE

Auf Grund der bisherigen Betrachtungen scheint sich das ganze Problem der Teleologie in nichts aufzulösen. Denn in der Tatsache, daß es kausale oder statistische Erklärungen von Vorgängen gibt, in denen auch die Motive von handelnden Personen eine Rolle spielen, liegt weder etwas Merkwürdiges noch etwas, das jemals bezweifelt wurde.

Schwierigkeiten ergeben sich erst auf Grund der oben formulierten Alternative. Denn diese zwingt uns, für all jene Aussagen, in denen teleologische Ausdrücke und Wendungen wie 'Zweck', 'Ziel', '...dient dazu, um...' usw. vorkommen, ohne daß handelnde Wesen vorausgesetzt werden können, Übersetzungen in nichtteleologische Formulierungen anzugeben. Das wissenschaftstheoretische Problem der Teleologie kann daher mit der Aufgabe identifiziert werden, die *Regeln für diese Übersetzungen* aufzusuchen und zu formulieren.

Zu beachten ist dabei, daß dieses wissenschaftstheoretische Problem in einem gewissen Sinn an den Stand der einzelwissenschaftlichen Forschung gebunden bleibt; denn über das Zutreffen der in der obigen Wendung 'ohne daß handelnde Wesen vorausgesetzt werden dürfen' enthaltenen Voraussetzung kann nur der Fachwissenschaftler und nicht der Logiker entscheiden. Der Logiker kann allerdings durch vorbereitende Analysen diese Entscheidung erleichtern. Dies sei kurz am Beispiel des neovitalistischen Standpunktes gezeigt; denn vor allem in bezug auf die biologischen Phänomene bekommen all diese Dinge Relevanz.

Verschiedene Autoren, darunter auch Hempel-Oppenheim, haben mit Recht darauf hingewiesen, daß alle Versuche, biologische Phänomene mit Hilfe des teleologischen Begriffs der Entelechie zu erklären, solange undiskutabel bleiben, als nicht geeignete Gesetze formuliert worden sind; denn nicht mit Hilfe von Begriffen, sondern nur mit Hilfe von Gesetzen lassen sich Phänomene und Vorgänge erklären. Gesetzt jedoch den Fall, daß es gelungen sei, solche Gesetze anzugeben und eine empirisch fundierte Theorie T zu entwickeln, welche auf diesen Gesetzen beruht und welche überdies den Begriff der Entelechie als zentralen Grundbegriff enthält. Dann bestehen nur zwei Möglichkeiten: *Entweder* der Begriff der Entelechie steht in bezug auf seine logische Struktur in vollkommener Analogie zu Begriffen der theoretischen Physik wie z.B. 'Gravitation', 'Neutrino' u.dgl. Da nach der früheren Feststellung kein Gegensatz zwischen teleologischen und nichtteleologischen Gesetzen konstruierbar ist, wäre dann die Theorie T ihrer Struktur nach von physikalisch-chemischen Theorien ununterscheidbar und die Charakterisierung des Begriffs der Entelechie oder der Theorie T durch das Prädikat 'teleologisch' sowie die Bezeichnung der mittels T vollzogenen Erklärungen als teleologischer Erklärungen hätten jeglichen Sinn verloren. Die Tatsache, daß T eine 'nichtmechanistische' Theorie darstellt, da ihre Grundbegriffe und Gesetze nicht auf die der Mechanik zurückgeführt werden können, würde genauso wenig eine Berechtigung dafür ergeben, T eine teleologische Theorie zu nennen, wie die Tatsache, daß die Grundbegriffe und Gesetze der Elektrizitätslehre nicht auf die der Mechanik zurückführbar sind, dazu führen kann, im Falle der Elektrizitätslehre von einer teleologischen Theorie zu sprechen.[1]

Oder die Theorie wird in einer solchen Weise aufgebaut, daß die mit ihr vollzogenen Erklärungen den Charakter teleologischer Erklärungen im früheren Sinne erhalten. Dann müssen offenbar die Entelechien 'bewußtseinsbegabte' Wesen sein, deren Motive (Zielsetzungen) das organische Geschehen lenken. Der Neovitalismus wäre also, *selbst unter der Voraussetzung, daß er geeignete Gesetze zu formulieren und damit eine empirisch überprüfbare Theorie aufzubauen vermöchte*, zu der Annahme gezwungen, daß das Naturgeschehen durch Geister oder Dämonen gelenkt wird, es sei denn, daß diese neovitalistische Richtung den Gedanken einer teleologischen Betrachtungsweise des organischen Naturgeschehens vollkommen preisgibt.

---

[1] Diese Analogie zeigt zugleich, daß es gänzlich verfehlt ist, das vorliegende Problem durch die Alternative 'Mechanismus oder Teleologie?' zu formulieren.

Es ist kaum anzunehmen, daß ein moderner Naturforscher die letztere Möglichkeit ernsthaft ins Auge faßt. Obwohl die Entscheidung trotzdem natürlich eine Angelegenheit des biologischen Fachmannes bleibt, wollen wir daher für das Folgende voraussetzen, daß in bezug auf biologische Phänomene die teleologische Betrachtungsweise preiszugeben ist. Dann muß in allen Fällen von Beschreibungen, Analysen und Erklärungen, in denen teleologische Ausdrücke und Wendungen vorkommen, diese Teleologie als eine bloß scheinbare aufgefaßt werden. Damit wird die zu Beginn dieses Abschnittes erwähnte Aufgabe aktuell, die Regeln für die Übersetzung solcher teleologischer Aussagen in nichtteleologische aufzufinden.

Den bisher entscheidendsten Schritt in dieser Richtung dürfte E. Nagel getan haben [1]), der den Begriff der Systeme mit zielgerichteter Organisation in den Mittelpunkt der Untersuchung über teleologische Aussagen rückte und die Struktur solcher Systeme in Umrissen beschrieben hat. Im folgenden soll versucht werden, die Analyse teleologischer Aussagen weiterzuführen und eine detailliertere Charakterisierung von Systemen mit zielgerichteter Organisation zu geben.

Es dürfte sich als zweckmäßig erweisen, die Aussagen über scheinbare Teleologie in *drei Schichten* zu gliedern, die sich durch zunehmende Komplexität voneinander unterscheiden. Die Schichten stehen nicht beziehungslos nebeneinander. Vielmehr sind die Aussagen der niedrigeren Schicht in bestimmter Weise von denen der höheren Schicht abhängig. Darin liegt auch die eigentliche Schwierigkeit für die Lösung des wissenschaftstheoretischen Problems der Teleologie. Denn die Übersetzung der scheinbar teleologischen Aussagen einer niedrigeren Schicht in nichtteleologische kann jeweils nur unter einer bestimmten Voraussetzung (einer Existenzvoraussetzung oder einer genetischen Hypothese) erfolgen, deren Begründung ihrerseits eine teleologische Erklärung von höherer Ordnung zu implizieren scheint. Die erforderliche Analyse kann daher nur dadurch zum Abschluß gebracht werden, daß die Aussagen aller drei Schichten untersucht werden und ihre Übersetzbarkeit in nichtteleologische Aussagen aufgezeigt wird. Das Unbefriedigende an vielen Diskussionen des Problems der Teleologie liegt in der Tatsache, daß darin nur teleologische Aussagen von einer ganz bestimmten Schicht in Be-

---

[1]) Vgl. [8] und [9], insbes. [9], S. 546–548.

tracht gezogen werden: Selbst wenn es dabei gelungen sein sollte, die erforderliche Übersetzung in nichtteleologische Aussagen vorzunehmen, so bleibt doch der Eindruck bestehen, als sei das Problem der Teleologie selbst noch ganz ungelöst, da teleologische Aussagen von ganz anderem Typus nicht berücksichtigt worden waren.

Zu den scheinbar teleologischen Aussagen der untersten Schicht sollen die *elementar-teleologischen Aussagen* gerechnet werden. Dies sind Sätze, in denen über Zwecke, Funktionen oder Aufgaben von Objekten (z.B. Organen wie Herz oder anderen Bestandteilen eines Organismus wie Blut oder Chlorophyll) oder von Eigenschaften von Objekten (z.B. der Farbe eines Organismus) gesprochen wird, ohne daß dabei gleichzeitig die Existenz eines mit Bewußtsein versehenen zwecksetzenden Wesens angenommen würde. Zwei Beispiele für diesen Typus wären die Aussagen, daß die Funktion der Leukozyten darin besteht, den Organismus gegen eindringende fremde Mikroorganismen zu schützen, oder daß ein Farbmuster auf den Flügeln einer bestimmten Schmetterlingsart (welches etwa raubtieraugenähnlich sein möge) dazu diene, die Art gegen feindliche Vögel zu schützen. In Aussagen von der ersten Art wird die Erhaltung der individuellen Organismen als Zweck angegeben, in Aussagen von der zweiten Art die Erhaltung einer Species.

Diese elementar-teleologischen Aussagen können sofort in nichtteleologische Aussagen übersetzt werden, in denen nur mehr davon die Rede ist, daß etwas eine *notwendige Bedingung* für etwas anderes darstellt. Sprachlich wäre dies häufig durch irreale Konditionalsätze von der Gestalt 'wenn nicht..., so...' wiederzugeben, also z.B.: 'wenn das menschliche Blut nicht eine hinreichende Anzahl von Leukozyten enthielte, so würde der menschliche Organismus durch eindringende Mikroorganismen geschädigt oder sogar vernichtet werden', 'wenn die Einzelexemplare der Schmetterlingsspecies jenes abschreckende Farbmuster auf den Flügeln nicht enthielten, so würde die Species durch Feinde ausgerottet werden'. Es ist allerdings nicht ganz korrekt, wenn Nagel Umformulierungen von dieser Art als Übersetzungen von teleologischen in nichtteleologische *Erklärungen* bezeichnet.[1]) Selbst ungenaue Erklärungen, in denen die beteiligten Gesetze überhaupt nicht und die relevanten Bedingungen nur unvollständig angegeben werden, sind stets

---

[1]) [9] S. 541.

dadurch charakterisiert, daß gewisse Bedingungen als *hinreichend* für das zu Erklärende ausgezeichnet werden, ohne jedoch als *notwendig* dafür bezeichnet zu werden. Hierin liegt eine gewisse Schwierigkeit, die zugleich dazu führen kann, die so verblüffend einfache Übersetzungsmöglichkeit von elementar-teleologischen Aussagen in nichtteleologische als inadäquat zu betrachten: Die ursprünglichen teleologischen Aussagen waren nämlich als (allerdings unvollständige) *Erklärungen* intendiert. Wenn daher die Übersetzung keine Umformung von teleologischen in nichtteleologische Erklärungen liefert, sondern eine Übersetzung von teleologischen Erklärungen in Aussagen, die nicht in das Erklärungsschema hineinpassen, so könnte dies von Vertretern des Teleologiestandpunktes leicht so interpretiert werden, daß darin die Unmöglichkeit zum Ausdruck komme, teleologische Erklärungen durch kausale zu ersetzen.

Tatsächlich enthalten die elementar-teleologischen Aussagen gegenüber kausalen Erklärungen einen Bedeutungsüberschuß. Dieses Mehr an Bedeutung beruht aber nicht darauf, daß diese teleologischen Aussagen prinzipiell unübersetzbar sind in nichtteleologische, sondern haben ihren Grund darin, daß in den elementar-teleologischen Aussagen eine 'selbstverständliche' Existenzvoraussetzung steckt, die bei Vornahme der Übersetzung explizit gemacht werden muß; denn die üblichen naturwissenschaftlichen Aussagen über Kausalzusammenhänge beinhalten keine derartigen Voraussetzungen. Diese Existenzvoraussetzung besteht darin, daß die betrachteten Objekte und Eigenschaften, über deren Zwecke in elementar-teleologischen Aussagen berichtet wird, als Bestandteile von Dingen oder Systemen von Dingen mit bestimmter Organisation betrachtet werden, *zu deren Erhaltung sie beitragen*. Physiker hingegen haben keinen Anlaß, bei der Untersuchung von physikalischen und chemischen Vorgängen ein bestimmtes System zu bevorzugen und diese Prozesse auf das System zu beziehen. Daher besteht für sie auch kein Grund, diesen physikalisch-chemischen Prozessen eine 'Funktion' oder 'Aufgabe' zuzuschreiben.

Wenn es sich dabei nur um einen Unterschied des Aspektes handelte, unter dem physische Prozesse oder Eigenschaften von Dingen betrachtet werden, so wäre dies für das Teleologieproblem kaum von Relevanz. Entscheidend ist jedoch der Umstand, daß jene Systeme, deren Existenz in elementar-teleologischen Aussagen vorausgesetzt wird, ihrer Struktur und Tätigkeitsweise nach eine '*zielgerichtete Organisation*' haben. Den

Prototyp von solchen Systemen bilden die Organismen mit ihrer Fähigkeit zur Selbsterhaltung, Selbstregulation, Anpassung und Selbstreproduktion. Mit der Einführung solcher Systeme verschiebt sich das ganze Problem auf eine höhere Ebene. Denn der Vertreter des Teleologiestandpunktes wird sagen: 'Daß elementar-teleologische Aussagen sich auf die skizzierte Weise in solche übersetzen lassen, in denen keine teleologischen Ausdrücke vorkommen, kann zugegeben werden. Für das eigentliche Problem der Teleologie ist dies aber ohne jegliche Bedeutung. Denn sowohl für die ursprünglichen wie für die als Übersetzungen vorgeschlagenen Aussagen muß die Voraussetzung gemacht werden, daß Systeme mit zielgerichteter Organisation wie z.B. Organismen zugrunde liegen. Das Funktionieren dieser Systeme kann aber durch nichtteleologische Ausdrücke nicht adäquat beschrieben und erklärt werden'. Alle jene Aussagen, welche die Funktionsweise von derartigen Systemen, die wir auch weiterhin als 'Systeme mit zielgerichteter Organisation' oder 'zielgerichtete Systeme mit Selbstregulation' (kurz: *ZO-Systeme*') bezeichnen werden, beschreiben und erklären, rechnen wir zu den *teleologischen Aussagen der zweiten Schicht*. Eine Lösung des wissenschaftstheoretischen Problems der Teleologie setzt voraus, daß auch für diese Aussagen der Nachweis ihrer prinzipiellen Übersetzbarkeit in nichtteleologische Aussagen erbracht wird. Dazu muß zunächst vor allem der Begriff des Systems mit zielgerichteter Organisation präzisiert werden. Der Behandlung dieses komplizierten Problems soll der folgende Abschnitt gewidmet werden. Zuvor sei aber noch eine kurze Bemerkung darüber gemacht, inwiefern teleologische Aussagen von einer noch höheren Schicht berücksichtigt werden müssen.

Angenommen, es sei gelungen, die Struktur von ZO-Systemen ohne Verwendung teleologischer Begriffe adäquat zu charakterisieren [1]. Dann

---

[1] Nur die allgemeine Charakterisierung solcher Systeme kann als wissenschaftstheoretische Aufgabe betrachtet werden. Sie muß allerdings so weit führen, daß daraus die prinzipielle Vermeidbarkeit teleologischer Begriffsbildungen ersichtlich wird. Jede konkrete Analyse empirisch bekannter Spezialfälle von ZO-Systemen muß Aufgabe eines Spezialfachmannes bleiben. Es sei hier vorausgesetzt, daß sowohl die wissenschaftstheoretische Aufgabe gegenüber den Aussagen der zweiten Schicht bewältigt worden ist als auch die Spezialforschung ergeben hat, daß alle Probleme hinsichtlich empirisch bekannter Fälle von ZO-Systemen ohne einen teleologischen Begriffsapparat gelöst werden können.

kann gefragt werden, wie die *Entstehung* solcher Systeme zu erklären sei. Hier muß eine Unterscheidung gemacht werden. Sofern es sich um von Menschen erzeugte ZO-Systeme handelt – denn z.B. auch Gebilde der Technik können die Struktur von Selbstregulatoren haben –, muß die Entstehungsfrage durch eine teleologische Erklärung im früheren Sinn beantwortet werden; d.h. für die Entstehung solcher Gebilde muß eine historisch-kausale Erklärung gegeben werden, zu deren Antecedensbedingungen die Zielsetzungen und Wünsche menschlicher Personen gehören. Was die 'naturgewachsenen' ZO-Systeme betrifft, so ist diesen gegenüber die Frage nicht unmittelbar entscheidbar. Sie muß zunächst dahingehend präzisiert werden, daß es sich um das Problem der erstmaligen Entstehung solcher Systeme überhaupt handelt. Denn das Problem der Entstehung spezieller Fälle naturgewachsener ZO-Systeme durch Reproduktion seitens anderer solcher Systeme gehört noch zur zweiten Schicht: Die Reproduktion bildet ja selbst einen der Vorgänge, die an ZO-Systemen beobachtet werden können; ihre Beschreibung und Erklärung in einer nichtteleologischen Sprache ist daher ein Teil der Aufgabe, teleologische Aussagen der zweiten Schicht in nichtteleologische zu übersetzen.

Dagegen stellt die Frage, wie es überhaupt erstmals zur Entstehung von ZO-Systemen in der Welt gekommen sei, ein Problem sui generis dar. Es ist der Standpunkt denkbar, daß sowohl gegenüber den teleologischen Aussagen der ersten sowie denen der zweiten Schicht die Übersetzbarkeit in eine nichtteleologische Sprache zugegeben, gleichzeitig aber behauptet wird, daß die Entstehung von ZO-Systemen nur mittels teleologischer Begriffe (z.B. durch Heranziehung eines göttlichen Schöpfungsaktes) erklärt werden könne: 'Das Funktionieren von Organismen ist naturwissenschaftlich-kausal erklärbar, die Entstehung von Organismen jedoch nicht.' Alle Aussagen, welche die erstmalige Entstehung von ZO-Systemen beschreiben und erklären, rechnen wir zur *dritten Schicht*. Das Problem der Teleologie kann erst dann als vollständig gelöst betrachtet werden, wenn auch bezüglich dieser zur dritten Schicht gehörenden Aussagen eindeutig entschieden ist, ob sie in einer nichtteleologischen Sprache formuliert werden können. Theologische Betrachtungen, insbesondere die Diskussionen zum teleologischen Gottesbeweis, bewegen sich gewöhnlich auf dieser Ebene der Aussagen der dritten Schicht. Da sich demgegenüber die wissenschaftstheoretischen und meist auch die naturphilosophischen Erörterungen des Teleologieproblems auf die Aussagen der ersten und zweiten Schicht beziehen, möchte der Anschein entstehen, als bestehe zwischen diesen beiden Arten von Betrachtungen kein Zusammenhang.

3. ANALYSE VON ZO-SYSTEMEN

Es kommt darauf an, einen möglichst umfassenden Begriff von ZO-Systemen zu bilden, der auf alle jene Systeme anwendbar ist, die eine Art von 'Selbstregulation' besitzen. Da dieser Begriff auf Dinge anwendbar sein soll, die sich in anderen Hinsichten stark voneinander unterscheiden (naturgegebene Objekte wie Organismen, menschliche Schöpfungen wie die freie Verkehrswirtschaft, aber auch technische Gebilde wie z.B. Temperaturregulatoren), kann die Analyse nur die allgemeinsten Charakteristika solcher Systeme hervorheben. Die spezielle Art der Strukturen und Gesetzmäßigkeiten, die am Prozeß beteiligt sind, muß offen bleiben. Die Analyse muß jedoch so weit vorangetrieben werden, daß daraus ersichtlich wird: In allen Fällen, in denen zur Erklärung eines Vorganges an einem solchen System ein Erklärungsschema zur Anwendung gelangt, ist dies ein Schema vom Typus der kausalen Erklärung i.w.S., zu dessen Antecedensbedingungen keine Zwecke gehören.

Der zugrunde liegende Gegenstandsbereich soll in zwei Teilklassen S und U zerfallen. Die Elemente von U bilden die Umgebung des ZO-Systems, während S das fragliche System selbst darstellt. Das für unsere Betrachtungen wesentliche Merkmal von S soll darin bestehen, daß es eine bestimmte Eigenschaft G gegenüber Störungen, die von U herrühren und den inneren Zustand von S modifizieren, 'zu erhalten trachtet' bzw. auf die Verwirklichung von G 'hintendiert', sofern die von U herrührenden Störungen zu einem unmittelbar vorangehenden Zeitpunkt einen Zustand von S, der die Eigenschaft G besaß, in einen solchen überführte, dem diese Eigenschaft nicht mehr zukommt.

S soll aus n Teilen $S_1, \ldots, S_n$, den S-Teilen, bestehen, wobei n eine natürliche Zahl ≥ 1 sei. Jeder dieser Teile sei verschiedener Zustände fähig. Wir nennen sie die *Teilzustände* von S. Die Anzahl der möglichen Teilzustände lassen wir offen. Sie braucht für die einzelnen S-Teile nicht dieselbe zu sein; es wird auch nicht vorausgesetzt, daß diese Anzahl endlich ist, sie kann vielmehr gegebenenfalls abzählbar unendlich sein und es kann sogar der Fall kontinuierlich unendlich vieler Teilzustände zugelassen werden. Die Teilzustände sollen für die Eigenschaft G von kausaler Relevanz sein. Es wird sich jedoch als nicht erforderlich erweisen, diesen Begriff der kausalen Relevanz zu definieren.

Den n S-Teilen werden die folgenden *Teilzustandsvariablen* zugeordnet: X_{1i}, X_{2i}, ..., X_{ni}. Die Werte dieser Variablen bestehen aus den Teilzuständen. Daher können die Wertbereiche der Variablen endlich oder unendlich sein. Wir bezeichnen sie mit I_1, ... I_n. Wir unterscheiden also formal zwischen dem Teil S_j und dem j-ten Wertbereich I_j, obwohl die Elemente von I_j genau die Teilzustände des S-Teiles S_j sind.

Neben den Teilzustandsvariablen verwenden wir auch *Teilzustandskonstanten* von der Gestalt 'C_{i_k}'. Dabei läuft der Index i von 1 bis n und k über die zulässigen Werte der Variablen X_{ij}, d.h. also über die Teilzustände des i-ten S-Teiles. In 'C_{i_k}' bedeuten i und k stets feste Zahlen. Eine solche Teilzustandskonstante kann aufgefaßt werden als Abkürzung für eine mehr oder weniger komplexe Aussage, die den k-ten Zustand des i-ten S-Teiles so weit vollständig beschreibt, als dies für die zu betrachtenden kausalen Erklärungen erforderlich ist. Die Teilzustände von S werden nämlich als Antecedensbedingungen von kausalen Erklärungen fungieren. Teilzustandskonstante können für Teilzustandsvariable *substituiert* werden. Dabei ist nur die Substitution der 'C_{j_k}' für die Variablen 'X_{j_i}' zulässig.

Unter A_{i_k} verstehen wir den k-ten Teilzustand des i-ten S-Teiles. Auch hier sind i und k stets feste Zahlen. Die A_{j_k} sind also die Elemente von I_j. Da unsere Kenntnis von Teilzuständen nur so weit zu reichen braucht, als sie durch Teilzustandskonstanten darstellbar sind, sagen wir auch: 'C_{i_k}' bezeichnet (den Teilzustand) A_{i_k} abgekürzt: $Bez(C_{i_k}, A_{i_k})$, wobei wir die durch 'C_{i_k}' nicht zum Ausdruck gebrachten Merkmale von A_{i_k} vernachlässigen. Es wird vorausgesetzt, daß für jedes A_{i_k}, das in der S-Analyse vorkommt, ein bezeichnendes 'C_{i_k}' zur Verfügung steht.

Zusätzlich zu den angeführten Variablen und Konstanten verwenden wir die Zeitvariable 't' und Zeitkonstante 'c_i', welche bestimmte Zeitpunkte T bezeichnen ($Bez(c_i, T)$). Ebenso wie in dieser letzten Aussage werden wir uns auch im folgenden auf bestimmte Zeitpunkte durch das Symbol 'T' beziehen. 'T$_1$ ist früher als T$_2$' kürzen wir ab durch: 'T$_1$ < T$_2$'.

Den Ausdruck '$(X_{1i}, X_{2i}, \ldots, X_{ni}, t)$' nennen wir die *Zustandsmatrix* von S. Die einzelnen Zustände des Systems S, die für die folgenden Betrachtungen von Relevanz sind, werden wir aus den zulässigen Spezialisierungen dieser Matrix erhalten (d.h. genauer: die zulässigen Spezialisierungen der Matrix bezeichnen jene Zustände). Durch das Prädikat 'G' bezeichnen wir eine Eigenschaft – in der Regel wird dies eine ziemlich komplizierte Eigenschaft von höherer Ordnung sein –, die das System unter geeigneten Umständen besitzen kann. G soll nur von einem S-Zustand sinnvoll ausgesagt werden können.

Im Gegensatz zum System S ist es nicht erforderlich, die Umgebung U in bezug auf ihre Struktur zu analysieren; denn diese Umgebung von S ist für uns nur so weit von Belang, als sie einen Störungsfaktor für die Zustände von S darstellt, d.h. nur so weit, als sie kausale Einwirkungen auf S ausübt, welche S-Zustände mit der Eigenschaft G in G-fremde S-Zustände verwandelt. Trotzdem kann es sich natürlich in den konkreten Anwendungen als möglich erweisen, für U und seine in bezug auf S kausal relevanten Zustände in zwangloser Weise eine analoge Analyse durchzuführen wie für S. Die einzelnen U-Zustände wären dann als Spezialisierungen einer U-Zustandsmatrix zu konstruieren. In diesem Fall müßte in einer Aussage über eine auf S einwirkende Störung stets auf U in seiner Gesamtheit Bezug genommen werden. Es könnte sich jedoch auch als zweckmäßiger erweisen, in den speziellen Aussagen über Störungen von S nicht immer das ganze U zum Gegenstand zu nehmen, sondern jeweils nur ganz bestimmte 'Ausschnitte' daraus, die sich gerade für S als kausal relevant erweisen. Formal würde dieser Unterschied dadurch zum Ausdruck kommen, daß im ersten Fall für alle Aussagen über U ('U-Zustandsbeschreibungen') derselbe Gegenstandsbereich zugrundegelegt würde, während in der zweiten Darstellungsweise die Gegenstandsbereiche je nach Situation variieren könnten. Es soll hier keine Entscheidung für die eine oder andere Methode getroffen werden. Daher werden die beiden Begriffe des *U-Zustandes* und der *U-Zustandsbeschreibung* auch nicht durch Definitionen eingeführt, sondern als undefinierte Grundbegriffe verwendet. Erst in der Anwendung auf die Beschreibung konkreter Systeme S wären auch diese Begriffe scharf zu definieren. Analog wie die Zustandsbeschreibungen von S einen S-Zustand, bestehend aus n Teilzuständen, in dem Genauigkeitsgrad charakterisieren, der für die kausale Analyse des Funktionierens von S

erforderlich ist, sollen die Zustandsbeschreibungen von U einzelne U-Zustände soweit kennzeichnen, daß diese Beschreibungen als Antecedensbedingungen von adäquaten kausalen Erklärungen der Störungen von S-Zuständen fungieren können.

Für die folgenden Formulierungen werden einige übliche Symbole der Logik verwendet. Sie dienen lediglich als Abkürzungen umgangssprachlicher Wendungen. Daher braucht keine Entscheidung darüber zu erfolgen, welches Logik-System dabei verwendet wird. Es ist jedoch klar, daß im Falle einer vollständigen Formalisierung die Ausdrucksmittel der einfachen Prädikatenlogik nicht genügen würden, sondern eine höhere Logik benötigt wird. Außer logischen Symbolen verwenden wir noch das Zeichen '$\rightarrow$'. Es soll nur dort benützt werden, wo das Erklärungsschema auf einen konkreten Fall angewendet werd. Vor dem '$\rightarrow$' stehen die Antecedensbedingungen und relevanten Gesetze als Explanans, hinter dem '$\rightarrow$' steht das Explanandum. Sowohl Explanans wie Explanandum können entweder semantisch, d.h. als Sätze, oder in absoluter (sprachunabhängiger) Weise wiedergegeben werden. Die sprachunabhängige Verwendung soll durch Definitionen eingeführt werden. Im Falle einer kausalen Erklärung i.e.S., in der nur deterministische Gesetze beteiligt sind, soll das Symbol '$\rightarrow$' die logische Ableitungsbeziehung ausdrücken; im Falle von Erklärungen mit Hilfe statistischer Gesetze kann es auch die Wahrscheinlichkeitsimplikation bedeuten. Der Unterschied zwischen diesen beiden Fällen ist für das Folgende ohne Belang; daher darf dasselbe Symbol zur Deckung beider Fälle verwendet werden.

Zur Wiedergabe sprachlicher Ausdrücke verwenden wir deutsche Großbuchstaben. Zustandsbeschreibungen von S bezeichnen wir mit '$\mathfrak{Z}$' (evtl. mit unteren Indizes), dagegen S-Zustände mit 'Z'. Umgebungszustandsbeschreibungen werden mit '$\mathfrak{U}$', Umgebungszustände mit 'U' bezeichnet. Ein analoger Unterschied wird für Gesetze gemacht; als Symbole verwenden wir hier '$\mathfrak{L}$' und 'L'. Um auszudrücken, daß eine Umgebungszustandsbeschreibung $\mathfrak{U}$ den Zustand U und eine Gesetzesaussage $\mathfrak{L}$ das Gesetz L zum Inhalt hat, schreiben wir auch: '$Bez\,(\mathfrak{U}, U)$' und '$Bez\,(\mathfrak{L}, L)$'. Zur Verdeutlichung werden gelegentlich in Klammern Erläuterungen beigefügt; um eindeutig klarzustellen, daß es sich dabei um keine Bestandteile der Definitionen selbst handelt, beginnen diese Erläuterungen stets mit 'd.h.'.

D₁. Z ist ein *S-Zustand* (genauer: ein T_l-*S-Zustand*) $SZu(Z)$ bzw. $SZu(Z, T_l) =_{Df} Z$ ist ein geordnetes $(n+1)$-tupel von der Gestalt $A_{1_{k_1}}; A_{2_{k_2}}; \ldots; A_{n_{k_n}}; T_l$, wobei alle k_i feste Zahlen sind, jedes $A_{i_{k_i}}$ Element von I_i ist und T_l eine Zeitkonstante darstellt.

D₂. $\mathfrak{Z}$ ist eine zulässige Spezialisierung der Zustandsmatrix '$(X_{1_i}, X_{2_i}, \ldots, X_{n_i}, t)$' von $S =_{Df} \mathfrak{Z}$ ist ein Ausdruck von der Gestalt '$(C_{1_{j_1}}, C_{2_{j_2}}; \ldots, C_{n_{j_n}}, c_l)$', wobei die j_i feste Zahlen sind, jedes C_{i_j} eine Teilzustandskonstante darstellt und c_l eine Zeitkonstante. Zulässige Spezialisierungen der Zustandsmatrix von S nennen wir auch *S-Zustandsbeschreibungen*.

D₃. $Bez(\mathfrak{Z}, Z)$ ('der Ausdruck $\mathfrak{Z}$ bezeichnet den *S*-Zustand Z') $=_{Df} \mathfrak{Z}$ ist eine zulässige Spezialisierung der Zustandsmatrix von der Gestalt '$(C_{1_{j_1}}, \ldots, C_{n_{j_n}}, c_l)$', Z hat die Gestalt: $A_{1_{k_1}}; \ldots; A_{n_{k_n}}; T_m$, für jedes $C_{i_{j_i}}$ gilt: $Bez(C_{i_{j_i}}, A_{i_{k_i}})$ und $Bez(c_l, T_m)$ (d.h. die Teilzustandskonstanten '$C_{i_{j_i}}$' bezeichnen die Teilzustände $A_{i_{k_i}}$ und die Zeitkonstante 'c_l' bezeichnet den Zeitpunkt T_m).

Auf Grund der früheren Festsetzung über die verfügbaren '$C_{i_{j_i}}$' gilt der Satz, daß Z genau dann ein *S*-Zustand ist, wenn es eine zulässige Spezialisierung $\mathfrak{Z}$ der Zustandsmatrix von S gibt, so daß $Bez(\mathfrak{Z}, Z)$.

D₄. $G(Z; T_l)$ ('Z ist ein T_l-*G*-Zustand') $=_{Df} Z$ ist ein *S*-Zustand von der Gestalt $A_{1_{k_1}}; \ldots; A_{n_{k_n}}; T_l$, so daß gilt: $G(A_{1_{k_1}}; \ldots; A_{n_{k_n}}; T_l)$ (d.h. der durch die $A_{i_{k_i}}$ und T_l festgelegte Zustand Z besitzt die Eigenschaft G).

D₅. $Z_1, L \to Z_2 =_{Df} (E\mathfrak{A}_1)(E\mathfrak{A}_2)(E\mathfrak{L})(SZu(Z_1) \wedge SZu(Z_2) \wedge Bez(\mathfrak{A}_1, Z_1) \wedge Bez(\mathfrak{A}_1, Z_2) \wedge Bez(\mathfrak{L}, L) \wedge \mathfrak{A}_1, \mathfrak{L} \to \mathfrak{A}_2)$.

Wir treffen ferner die folgende Festsetzung: Wenn Z ein *S*-Zustand von der Gestalt $A_{1_{l_1}}; \ldots; A_{n_{l_n}}; T_m$ ist, so soll durch '$T'Z$' der Zeitpunkt T_m bezeichnet werden.

D₆. L ist ein *S-Gesetz* $SG(L) =_{Df}$ es gibt ein Z_1 und ein Z_2 mit $T'Z_1 < T'Z_2$ so daß $Z_1, L \to Z_2$.

D₇. (der *S*-Zustand) Z_1 *determiniert* (den *S*-Zustand) Z_2 $Det(Z_1, Z_2) =_{Df}$ es gibt ein *S*-Gesetz L, so daß $T'Z_1 < T'Z_2$ und $Z_1, L \to Z_2$.

D₈. S ist ein *abgeschlossenes System* $=_{Df}$ für jeden *S*-Zustand Z gilt: entweder es gibt kein Z_1, so daß $T'Z_1 < T'Z$, oder es gibt ein Z_2, so daß $T'Z_2 < T'Z$ und Z_2 determiniert Z.

Der in **D₇** und **D₈** verwendete Ausdruck 'determiniert' ist nach den früheren Vorbemerkungen nicht so zu verstehen, als dürften nur kausale

Gesetze im spezielleren Sinne der deterministischen Gesetze zur Anwendung gelangen.

Wie bereits bemerkt, sollen Umgebungszustände einfach mit 'U', Umgebungszustandsbeschreibungen mit '$\mathfrak{U}$' bezeichnet werden. Diese Darstellungsweise ist dadurch gerechtfertigt, daß die Umgebung als Ganze in den formalen Definitionen keine Rolle spielt.

D9. L ist ein U-Gesetz bezüglich S $UG(L) =_{Df} (E\mathfrak{U})(EU)(E\mathfrak{L})(EL)$ $(E\mathfrak{L}_1)(EL_1)(E\mathfrak{Z})(EZ_1)(E\mathfrak{Z}_2)(EZ_2)(Bez\,(\mathfrak{U},\,U)\,\wedge\,Bez\,(\mathfrak{L},\,L)\,\wedge\,Bez\,(\mathfrak{L}_1,\,L_1)\,\wedge\,Bez\,(\mathfrak{Z}_1,\,Z_1)\,\wedge\,Bez\,(\mathfrak{Z}_2,\,Z_2)\,\wedge\,SG(L)\,\wedge\,T'Z_1<T'Z_2\,\wedge\,\mathfrak{U},\,\mathfrak{Z}_1,\,\mathfrak{L},\,\mathfrak{L}_1 \to \mathfrak{Z}_2\,\wedge\,\neg\,(EL')(EZ)(SG(L')\,\wedge\,T'Z<T'Z_2\,\wedge\,Z,L'\to Z_2))$.

Die Motivierung für diese Definition ist die folgende: Wenn die Umgebung an der Determination eines S-Zustandes beteiligt ist, so wird sie in der Regel nicht *allein* daran beteiligt sein, sondern dieser S-Zustand wird außerdem mitbestimmt sein durch einen früheren Zustand von S. Damit die Determination durch die Umgebung aber keine 'leere' ist, muß die Möglichkeit ausgeschlossen werden, daß der fragliche S-Zustand bereits durch einen früheren vollständig determiniert ist. Analog zum früheren Fall (vgl. **D5**) soll auch dann, wenn U-Gesetze und U-Zustände beteiligt sind, die nichtsemantische Schreibweise benützt werden. Dann läßt sich z.B. die in **D9** enthaltene Ableitungsbeziehung auch so wiedergeben: $U, Z_1, L, L_1 \to Z_2$.

D10. (Der S-Zustand) Z ist U-determiniert $Udet(Z) =_{Df}$ es gibt ein U_1 und ein Z_1 mit $T'Z_1 < T'Z$, ferner ein U-Gesetz L_1 sowie ein S-Gesetz L_2, so daß $U_1, Z_1, L_1, L_2 \to Z$, während es für kein Z' mit $T'Z' < T'Z$ ein S-Gesetz L' gibt, so daß $Z', L' \to Z$.

Die Motivierung für diese Definition ist eine analoge wie im vorigen Fall.

D11. $\bar{G}(Z; T_l) =_{Df} Z$ ist ein S-Zustand von der Gestalt $A_{1k_1}; \ldots; A_{nk_n}; T_l$ und es gilt: $\neg\,G(Z; T_l)$ (d.h. dieser Zustand besitzt nicht die Eigenschaft G).

D12. Z wird (bezüglich G) U-gestört zu Z_1 $Ugest(Z, Z_1) =_{Df} T'Z < T'Z_1\,\wedge\,G(Z; T'Z)\,\wedge\,\bar{G}(Z_1; T'Z_1)\,\wedge\,Udet(Z_1)\,\wedge\,(Z')(T'Z < T'Z'\,\wedge\,T'Z' < T'Z_1\cdot \supset G(Z'; T'Z'))$ (d.h. durch eine aus der Umgebung stammende kausale Einwirkung wird der G-Zustand Z in den zeitlich darauffolgenden Zustand Z_1 verwandelt, dem die Eigenschaft G nicht mehr zukommt).

Es sind natürlich vielerlei U-Störungen der Zustände des Systems S

denkbar. Doch da das System S nur unter dem Gesichtspunkt analysiert wird, daß es eine bestimmten seiner Zustände zukommende Eigenschaft 'zu erhalten tendiert', können wir uns auf jene U-Störungen beschränken, durch die Zustände mit der Eigenschaft G in G-fremde Zustände, also ohne diese Eigenschaft G, transformiert werden.

Der in der folgenden Definition verwendete und für sich verständliche Begriff des aus bestimmten A_i, B_j und T bestehenden S-Zustandes könnte ohne Mühe durch eine geeignete Definition explizit eingeführt werden.

D$_{13}$. Das k-tupel von Teilzuständen $A_1, \ldots, A_k$ ($1 \leqslant k \leqslant n$) mit $A_1 \in I_{s_1}, \ldots, A_k \in I_{s_k}$ ist ein Element der G-k-Ausschlußklasse von $S =_{Df}$ es gibt kein ($n - k + 1$)-tupel $B_1, \ldots, B_{n-k}, T$ mit $B_1 \in I_{l_1}, \ldots, B_{n-k} \in I_{l_{n-k}}$ (mit $I_{s_j} \neq I_{l_i}$ für alle $1 \leqslant j \leqslant k$ und $1 \leqslant i \leqslant n - k$), so daß für einen nur aus $A_1, \ldots, A_k, B_1, \ldots, B_{n-k}, T$ bestehenden S-Zustand Z gilt: $G(Z;T)$.

Unter der G-*Ausschlußklasse* verstehen wir die Vereinigungsmenge aller G-k-Ausschlußklassen für $k = 1, \ldots, n$. Es möge beachtet werden, daß z.B. das Paar A_{2i}, A_{5j} der G-2-Ausschlußklasse (und damit der G- Ausschlußklasse) angehören kann, ohne daß A_{2i} oder A_{5j} der G-1-Ausschlußklasse anzugehören brauchen.

Wenn die in **D$_{13}$** angeführten Zusatzbedingungen erfüllt sind, so ist Z eine eindeutige Funktion der A_i, B_j und T, so daß wir in einem solchen Fall abkürzend schreiben können: $Z = \varphi(A_1, \ldots, A_k, B_1, \ldots, B_{n-k}, T)$.

D$_{14}$. X ist ein Glied von Z Glied$(Z, X) =_{Df} Z$ hat die Gestalt: $A_{1k_1}; \ldots; A_{nk_n}; T$ und ($X = A_{1k_1}$ oder ... oder $X = A_{nk_n}$).

Man beachte, daß T nicht zu den Gliedern von Z gerechnet wird; dieser Begriff wird also auf die Teilzustände von Z beschränkt.

D$_{15}$. Das k-tupel von Teilzuständen $A_1, \ldots, A_k$ ($1 \leqslant k \leqslant n$) mit $A_i \in I_{s_i}$ bildet ein Element der G-k-*Vernichtungsklasse* von $S =_{Df} A_1, \ldots, A_k$ ist ein Element der G-k-Ausschlußklasse und für jedes Z, welches die Bedingung erfüllt: Glied$(Z, A_1), \ldots,$ Glied(Z, A_k), gilt: es gibt kein Z', so daß Det(Z, Z') und $G(Z'; T'Z')$.

Unter der G-Vernichtungsklasse soll die Vereinigungsmenge aller G-k-Vernichtungsklassen verstanden werden.

Die inhaltliche Bedeutung der in **D$_{13}$** und **D$_{15}$** eingeführten Begriffe ist die folgende: Wenn k Teilzustände zur G-Ausschlußklasse gehören, so ist nicht nur jener S-Zustand Z, dessen Glieder sie bilden, kein G-Zustand, sondern diese Eigenschaft G fehlt auch allen jenen Zuständen, die aus Z dadurch hervorgehen, daß die übrigen Teilzustände durch beliebige andere Teilzustände der betreffenden Teilzustandsbereiche ersetzt werden. Trotzdem könnte in einem solchen Falle die G-Eigenschaft für das System S in der Weise 'wiederhergestellt' werden, daß auf Grund eines S-Gesetzes der Zustand Z einen anderen S-Zustand Z' mit der Eigenschaft G determiniert. Ist auch diese Möglichkeit ausgeschlossen, so gehört der fragliche Zustand bzw. das fragliche k-tupel zur G-Vernichtungsklasse.

D$_{16}$. Das Glied X von Z *entspricht* dem Glied Y von Z_1 $Ent(Z, X; Z_1, Y)$ $=_{Df}$ Z hat die Gestalt: $A_{1_{i_1}}; \ldots; A_{n_{i_n}}; T$, Z_1 hat die Gestalt: $A_{1_{j_1}}; \ldots; A_{n_{j_n}}; T_1$ und es gilt: $(X = A_{1_{i_1}} \wedge Y = A_{1_{j_1}}) \vee \ldots \vee (X = A_{n_{i_n}} \wedge Y = A_{n_{j_n}})$.

D$_{17}$. X ist ein *Glied der Abweichung* von Z_2 bezüglich Z_1 $X \in Abw(Z_2, Z_1)$ $=_{Df}$ X ist ein Glied von Z_2 und wenn X dem Glied Y von Z_1 entspricht, so gilt: $X \neq Y$.

D$_{18}$. Y ist ein Element des *Abweichungsbereiches* zwischen Z_2 und Z_1 $Y \in AB(Z_2, Z_1) =_{Df} (EX)(X \in Abw(Z_2, Z_1) \wedge (s)((1 \leqslant s \leqslant n) \supset (X \in I_s \equiv Y \in I_s)))$.

Wenn X ein Teilzustand von Z_2 ist, der von dem entsprechenden Teilzustand von Z_1 abweicht, so soll also der gesamte Wertbereich, zu dem X gehört, eine Teilklasse des Abweichungsbereiches zwischen Z_2 und Z_1 bilden. Insbesondere ist das im Definiens erwähnte X selbst ein Element dieses Abweichungsbereiches.

Das Gegenstück zum Begriff des Abweichungsbereiches ist der Begriff des Entsprechungsbereiches.

D$_{19}$. Y ist ein Element des *Entsprechungsbereiches* zwischen Z_2 und Z_1 $Y \in EB(Z_2, Z_1) =_{Df}$ $(EX)(\text{Glied}(Z_1, X) \wedge \text{Glied}(Z_2, X) \wedge (s)((1 \leqslant s \leqslant n) \supset (X \in I_s \equiv Y \in I_s)))$.

Die für ZO-Systeme charakteristische Zurückführung U-gestörter Zustände in G-Zustände soll jetzt durch drei Begriffe gekennzeichnet werden.

D$_{20}$. Der Zustand Z_1 von S wird *G-eigenkompensiert* zu $Z_2 =_{Df}$ $(EZ)(\text{Ugest}(Z, Z_1) \wedge \text{Det}(Z_1, Z_2) \wedge G(Z_2) \wedge (X)(X \in \text{Abw.}(Z_2, Z) \supset X \in \text{AB}(Z_1, Z)))$.

Daß der S-Zustand Z_2 die Eigenschaft G besitzt, wurde hier abkürzend durch '$G(Z_2)$' wiedergegeben. Inhaltlich besagt das Definiens folgendes: Es gibt einen dem S-Zustand Z_1 zeitlich vorangehenden Zustand Z, der die Eigenschaft G besitzt. Dieser Zustand wurde durch eine U-Störung in den $\bar{G}$-Zustand Z_1 umgewandelt (all dies ist in 'Ugest(Z, Z_1)' ausgedrückt). Auf Grund eines S-Gesetzes wird der $\bar{G}$-Zustand Z_1 wieder in einen G-Zustand Z_2 zurückgeführt. Im letzten Glied des Definiens wird gefordert, daß sich Z_2 und Z höchstens um solche Teilzustände voneinander unterscheiden, die denselben Wertbereichen angehören wie die Glieder der Abweichung zwischen Z und Z_1. Es werden also bei der 'Rückführung' in einen neuen G-Zustand nur jene Teilzustände von Z_1 modifiziert, die durch die vorangehende U-Störung aus andersartigen Teilzuständen von Z hervorgegangen sind. Die durch die U-Störung nicht betroffenen Teilzustände bleiben hingegen während des ganzen Prozesses, d.h. sowohl beim Übergang von Z in Z_1 wie bei dem von Z_1 in Z_2, konstant. Es sei noch ausdrücklich darauf aufmerksam gemacht, daß im letzten Formelglied 'AB' vorkommt und nicht 'Abw'. Es wird keineswegs verlangt, daß der ursprüngliche G-Zustand wiederhergestellt wird; vielmehr werden auch alle jene Fälle zugelassen, in denen einige oder alle Glieder der Abweichung von Z bezüglich Z_1 zugleich Glieder der Abweichung von Z bezüglich Z_2 sind. Die Wiederherstellung des ursprünglichen Zustandes ist dagegen nur ein sehr spezieller Fall der Eigenkompensation. Von E. Nagel ist die Möglichkeit der Eigenkompensation nicht in Erwägung gezogen worden, anscheinend ohne zwingenden Grund (vgl. [9] S. 548).

D$_{21}$. Der Zustand Z_1 von S wird *G-fremdkompensiert* zu $Z_2 =_{Df}$ (EZ)(Ugest(Z, Z_1) ∧ Det(Z_1, Z_2) ∧ $G(Z_2)$ ∧ $(X)(X \in$ Abw(Z_1, Z) ⊃ Glied(Z_2, X))).

Bis auf den letzten Bestandteil ist das Definiens von **D$_{21}$** mit dem von **D$_{20}$** identisch. Dieser letzte Bestandteil besagt, daß jene Teilzustände von Z_1, durch die sich Z_1 von Z unterscheidet, unverändert in den G-Zustand Z_2 übernommen werden. Die Kompensation stützt sich also ausschließlich auf eine Variation der übrigen Teilzustände von Z_1. Daß eine Variation in bezug auf mindestens einen Teilzustand erfolgt ist, wird durch $G(Z_2)$ und $\bar{G}(Z_1)$ gewährleistet.

D$_{22}$. Der Zustand Z_1 von S wird *gemischt G-kompensiert* zu $Z_2 =_{Df}$ (EZ)(Ugest(Z, Z_1) ∧ Det(Z_1, Z_2) ∧ $G(Z_2)$ ∧ (EX)(EY)($X \in$ Abw(Z_1, Z) ∧ Ent$(Z_2, Y; Z_1, X)$ ∧ $X \neq Y$) ∧ (EX)(EY)($X \in$ EB(Z_1, Z) ∧ Ent$(Z_2, Y; Z_1, X)$ ∧ $X \neq Y$)).

Durch das Definiens wird diesmal gewährleistet, daß sowohl eine partielle Eigen- wie eine partielle Fremdkompensation vorliegt, d.h. daß Z_2 sich in bezug auf mindestens ein Glied der Abweichung von Z_1 bezüglich Z von Z_1 unterscheidet und von Z in bezug auf mindestens eines der übrigen Glieder. Offenbar hätte im letzten Bestandteil des Definiens statt '$X \in \text{EB}(Z_1, Z)$' auch 'Glied(Z, X)' gewählt werden können.

D$_{23}$. Der Zustand Z_1 von S wird *G-kompensiert* zu $Z_2 =_{Df} Z_1$ wird *G-eigenkompensiert* oder *G-fremdkompensiert* oder *gemischt G-kompensiert* zu Z_2.

Es gelten die folgenden Sätze:

(1) Ein S-Zustand Z_1, der zu einem früheren Zustand Z in der Relation steht: Ugest(Z, Z_1), wird dann und nur dann zu einem S-Zustand Z_2 G-kompensiert, wenn kein k-tupel von Gliedern von Z_1 Element der G-Vernichtungsklasse ist.

(2) Wenn Ugest(Z, Z_1) und das k-tupel, bestehend aus den Gliedern der Abweichung von Z_1 bezüglich Z, ein Element der G-Ausschlußklasse bildet, so gibt es keinen S-Zustand Z_2, so daß Z_1 G-fremdkompensiert wird zu Z_2.

(3) Wenn Ugest(Z, Z_1) und das k-tupel, bestehend aus den Gliedern der Abweichung von Z_1 bezüglich Z, ein Element der G-Ausschlußklasse bildet, so wird Z_1 dann und nur dann zu einem S-Zustand Z_2 G-kompensiert, wenn Z_1 zu Z_2 G-eigenkompensiert oder gemischt G-kompensiert wird.

(4) Es seien die folgenden Bedingungen erfüllt:

(*a*) Ugest(Z, Z_1);

(*b*) das k-tupel (von Gliedern von Z_1), bestehend aus den Gliedern der Abweichung von Z_1 bezüglich Z, ist kein Element der G-Ausschlußklasse;

(*c*) alle übrigen k-tupel von Teilzuständen, die den Abweichungsbereichen zwischen Z und Z_1 angehören, sind Elemente der G-k-Ausschlußklasse, ausgenommen jenes k-tupel von Teilzuständen, das ganz in Z liegt, d.h. dessen sämtliche Glieder zugleich Glieder von Z sind;

(*d*) $\neg$ Det(Z_1, Z);

dann gilt: Z_1 wird genau dann zu einem S-Zustand Z_2 G-kompensiert, wenn Z_1 zu Z_2 G-fremdkompensiert wird.

Die Ausnahmebestimmung in (*c*) muß hinzugenommen werden, weil der ursprüngliche S-Zustand Z nach Voraussetzung ein G-Zustand ist und daher kein k-tupel von Teilzuständen von Z ein Element der G-k-Ausschlußklasse bilden kann. Die Voraussetzung (d) ist nicht vollkommen korrekt formuliert, weil darin die Zeitbestimmung außer acht gelassen wurde. Genauer müßte es heißen: Durch Z_1 wird kein (zeitlich späterer) S-Zustand Z' determiniert, der in bezug auf sämtliche Glieder mit den entsprechenden Gliedern von Z übereinstimmt (wobei wieder zu bedenken ist, daß das T von Z nicht zu den Gliedern von Z gehört).

(5) Es seien die folgenden Bedingungen erfüllt:
  (a) und (b) analog Satz (4);
  (c) zur G-Ausschlußklasse gehören alle jene von Z verschiedenen S-Zustände Z_i, für die gilt: Z_i stimmt in bezug auf die Glieder aus dem Entsprechungsbereich zwischen Z und Z_1 mit Z überein;
  (d) ⌐ Det(Z_1, Z);

dann gilt: Z_1 wird genau dann zu einem S-Zustand Z_2 G-kompensiert, wenn Z_1 zu Z_2 G-fremdkompensiert oder gemischt G-kompensiert wird.

Bezüglich (d) gilt die analoge Zusatzbemerkung wie für Satz (4).

(6) Es seien die folgenden Bedingungen erfüllt:
  (a) Ugest(Z, Z_1);
  (b) alle k-tupel von Teilzuständen, deren Glieder den Abweichungsbereichen zwischen Z und Z_1 angehören, wobei k die Anzahl der Abweichungsbereiche sein möge, sind Elemente der G-k-Ausschlußklasse, vorausgesetzt, daß diese k-tupel nicht ganz in Z liegen;
  (c) Z_1 wird nicht zu einem Zustand Z' gemischt G-kompensiert, der in sämtlichen Gliedern der Abweichung von Z bezüglich Z_1 mit Z übereinstimmt;

dann gilt: Z_1 wird genau dann zu einem S-Zustand Z_2 G-kompensiert, wenn Z_1 eigenkompensiert wird zu Z_2 und überdies alle Glieder von Z_2 mit den entsprechenden Gliedern von Z identisch sind.

Bezüglich der Wendung 'ganz in Z liegen' vgl. (4) (c). In der Bedingung (c) werden diesmal nur jene sehr speziellen Fälle der gemischten Kompensation ausgeschlossen, welche die gestörten Teilzustände in die ursprünglichen zurückführen, darüber hinaus aber, sozusagen 'überflüssig', andere Teilzustände variieren.

(7) Es seien die folgenden Bedingungen erfüllt:
 (a) Ugest(Z, Z_1);
 (b) das k-tupel, bestehend aus den Gliedern der Abweichung von Z_1 bezüglich Z, ist Element der G-k-Ausschlußklasse;
 (c) alle von Z verschiedenen S-Zustände, welche mit Z_1 jene Glieder gemeinsam haben, die nicht den Abweichungsbereichen zwischen Z_1 und Z angehören, sind $\bar{G}$-Zustände;
 (d) Z_1 wird nicht eigenkompensiert zu einem Zustand Z', der in bezug auf alle Glieder mit den entsprechenden Gliedern von Z übereinstimmt (d.h. Z_1 wird nicht in den ursprünglichen Zustand zurückgeführt);
 dann gilt: Z_1 wird genau dann zu einem S-Zustand Z_2 G-kompensiert, wenn Z_1 gemischt G-kompensiert wird zu Z_2.

(8) Es seien die folgenden Bedingungen erfüllt:
 (a) Ugest(Z, Z_1);
 (b) das k-tupel, bestehend aus den Gliedern der Abweichung von Z_1 bezüglich Z, ist Element der G-k-Ausschlußklasse;
 (c) alle jene S-Zustände sind $\bar{G}$-Zustände, die sich von Z_1 erstens in bezug auf mindestens ein Glied unterscheiden, das dem Abweichungsbereich zwischen Z und Z_1 angehört, und zweitens in bezug auf mindestens ein Glied, das dem Entsprechungsbereich zwischen Z und Z_1 angehört;
 dann gilt: Z_1 wird genau dann zu einem S-Zustand Z_2 G-kompensiert, wenn Z_1 G-eigenkompensiert wird zu Z_2.

(9) Es seien die folgenden Bedingungen erfüllt:
 (a) Ugest(Z, Z_1);
 (b) analog (c) von (8);
 dann gilt: Z_1 wird genau dann zu einem S-Zustand Z_2 G-kompensiert, wenn Z_1 G-eigenkompensiert oder G-fremdkompensiert wird zu Z_2.

(10) Der Fall der G-Kompensation kann in S dann und nur dann eintreten, wenn nicht jeder $\bar{G}$-Zustand ein k-tupel von Teilzuständen enthält, das ein Element der G-k-Vernichtungsklasse ist.

Die angeführten Sätze enthalten u.a. notwendige und hinreichende Bedingungen für das Eintreten reiner und gemischter Fälle der drei Kompensationsarten. Die Beweise folgen ohne Schwierigkeiten aus den vorangehenden Definitionen. Zur Illustration werde (7) bewiesen: Aus (7) (a) folgt, daß Z ein G-Zustand und Z_1 ein $\bar{G}$-Zustand ist. Wenn Z_1

gemischt G-kompensiert wird zu Z_2, so wird Z_1 nach $\mathbf{D_{23}}$ G-kompensiert zu Z_2. Es möge daher umgekehrt Z_1 zu Z_2 G-kompensiert werden. Wegen $\mathbf{D_{23}}$ muß dazu gezeigt werden, daß es sich dabei weder um eine Fremd- noch um eine Eigenkompensation handeln kann. Falls Z_1 zu einem Z_2 fremdkompensiert würde, müßte Z_2 hinsichtlich der Glieder der Abweichung von Z_1 bezüglich Z mit Z_1 übereinstimmen. Nach Voraussetzung (7) (b) ist aber das k-tupel, bestehend aus diesen Gliedern, ein Element der G-k-Ausschlußklasse. Nach $\mathbf{D_{13}}$ wäre dann Z_2 ein $\bar{G}$-Zustand, im Widerspruch zu der Annahme, daß Z_1 zu Z_2 fremdkompensiert worden ist; denn nach dieser Annahme müßte Z_2 auf Grund von $\mathbf{D_{21}}$ ein G-Zustand sein. Es bleibt noch der Fall der Eigenkompensation zu behandeln. Wegen (7) (d) ist die Wiederherstellung des ursprünglichen G-Zustandes ausgeschlossen. Die Eigenkompensation könnte daher nur zu einem Zustand führen, dessen Glieder von den entsprechenden Gliedern von Z (ganz oder teilweise) verschieden sind. Dabei würden wegen $\mathbf{D_{20}}$ die Glieder, in bezug auf welche Z_1 mit Z übereinstimmt, unverändert bleiben. Alle auf diese Weise herbeigeführten S-Zustände aber wären nach Voraussetzung (7) (c) $\bar{G}$-Zustände. Also kann der Fall der Eigenkompensation überhaupt nicht eintreten.

Für gewisse Zusammenhänge ist es ratsam, die Wendung zu gebrauchen 'Z_2 ist der Kompensationszustand von Z_1', wenn gilt: $\bar{G}(Z_1)$, $G(Z_2)$ und Z_1 wird G-kompensiert zu Z_2.

$\mathbf{D_{24}}$. S ist ein *partielles ZO-System* $=_{Df}$ es gibt mindestens ein Z_1 und ein Z_2, so daß gilt: wenn Ugest(Z_1, Z_2), so gibt es ein Z_3, zu dem Z_2 G-kompensiert wird (d.h. mindestens ein G-Zustand muß, wenn er durch eine Umgebungsstörung in einen $\bar{G}$-Zustand verwandelt wurde, durch ein S-Gesetz wieder in einen G-Zustand transformiert werden).

Um den leeren Fall auszuschließen, könnte hier gefordert werden, daß eine derartige Störung mit nachfolgender Kompensation tatsächlich stattgefunden hat. Da die Eigenschaft, ein partielles ZO-System zu sein, eine Dispositionseigenschaft ist, treten bezüglich des 'wenn ..., dann —' im Definiens die bekannten Schwierigkeiten auf. Die Diskussion der irrealen Konditionalsätze ist daher an dieser Stelle von Relevanz.

(11) S ist genau dann ein partielles ZO-System, wenn nicht jeder $\bar{G}$-Zustand von S ein k-tupel von Teilzuständen enthält, das Element der G-Vernichtungsklasse ist.

D$_{25a}$. S ist ein *partielles F-ZO-System* (ein partielles ZO-System mit ausschließlicher Fremdkompensation) $=_{Df}$ S ist ein partielles ZO-System und ein $\bar{G}$-Zustand wird dann und nur dann zu einem G-Zustand Z_2 kompensiert, wenn Z_1 G-fremdkompensiert wird zu Z_2.

Analog zu **D$_{25a}$** lauten **D$_{25b}$** bis **D$_{25g}$** für die Begriffe: *E-ZO-System* (ausschließlich Eigenkompensation), *Ge-ZO-System* (ausschließlich gemischte Kompensation), *FE-ZO-System* (ausschließlich Fremd- oder Eigenkompensation), *FGe-ZO-System* (ausschließlich gemischte Kompensation oder Fremdkompensation), *EGe-ZO-System* (ausschließlich gemischte Kompensation oder Eigenkompensation), *EFGe-ZO-System* (jede Art von Kompensationsmöglichkeit).

(12) S ist genau dann ein partielles ZO-System, wenn S ein partielles EFGe-ZO-System ist.

D$_{26}$. S ist ein *vollständiges ZO-System* $=_{Df}$ für jedes Z_1 von S, zu dem es ein Z gibt, so daß Ugest(Z, Z_1), existiert ein Kompensationszustand Z_2.

Auch hier könnte man die Analoga zu den in **D$_{25b}$** bis **D$_{25g}$** eingeführten Begriffen bilden.

(13) Wenn jeder $\bar{G}$-Zustand von S durch eine U-Störung hervorgerufen werden kann, so ist S genau dann ein vollständiges ZO-System, wenn die G-Vernichtungsklasse leer ist.

D$_{27}$. S ist ein *vollständig – totales ZO-System* $=_{Df}$ S ist ein vollständiges ZO-System und kein $\bar{G}$-Zustand von S enthält ein k-tupel von Teilzuständen, welches ein Element der G-k-Ausschlußklasse ist.

(14) Wenn jeder $\bar{G}$-Zustand von S durch eine U-Störung hervorgerufen werden kann und wenn außerdem für ein Z_1 mit Ugest(Z, Z_1) stets gilt, daß Z_1 G-fremdkompensiert wird zu einem S-Zustand Z_2, so ist S ein vollständig-totales ZO-System.

Wir brechen an dieser Stelle die Analyse von ZO-Systemen ab. Alle Typen von solchen Systemen sind dadurch charakterisiert, daß sie eine Eigenschaft G 'zu erhalten trachten'. Die Beschreibung dieser Tendenz erfordert keinen Rückgang auf teleologische Prinzipien. Es genügt, daß das fragliche System eine kausal beschreibbare Kompensationsvorrichtung besitzt. Diese Vorrichtung braucht selbstverständlich kein 'Mechanismus' in dem Sinne zu sein, daß ihre Tätigkeit allein mit Hilfe von Gesetzen der Mechanik erklärt werden kann.

Die Analyse könnte in verschiedener Weise fortgesetzt werden. So z.B. könnte man im Falle, daß Ugest(Z, Z_1) und Z_2 Kompensationszustand von Z_1 ist, den Begriff der *Kompensationsbereiche* zwischen Z_2 und Z_1 einführen und darunter die Wertbereiche verstehen, zu denen die Glieder der Abweichung von Z_2 bezüglich Z_1 gehören. Eine Anwendung dieses Begriffs wäre die folgende: Wenn Ugest(Z, Z_1), so wird Z_1 nur dann zu einem Zustand Z_2 gemischt G-kompensiert, wenn die Klasse der Kompensationsbereiche zwischen Z_2 und Z_1 weder identisch ist mit der Klasse der Abweichungsbereiche zwischen Z und Z_1 noch mit der Klasse der Entsprechungsbereiche zwischen Z und Z_1. Man könnte ferner *Teilsysteme von ZO-Systemen* betrachten, die selbst den Charakter von F-, E-, Ge-ZO-Systemen usw. haben und unter gewissen Bedingungen das gesamte System ausmachen. Schließlich könnte auch die *Zeitanalyse* berücksichtigt werden. Es wären zu unterscheiden: der Störungszeitraum (d.h. die Zeitspanne zwischen $T'Z_1$ und $T'Z$ bei Ugest(Z, Z_1)), der Kompensationszeitraum (d.h. die Zeitspanne zwischen dem T von Z_1 und dem des Kompensationszustandes Z_2) und der Operationszeitraum (die Summe von Störungs- und Kompensationszeitraum). Unter der *Konsistenz* eines Systems, insbesondere eines ZO-Systems, kann die Tatsache verstanden werden, daß jeder S-Zustand höchstens einen anderen S-Zustand determiniert.

4. TELEOLOGISCHE AUSSAGEN DER DRITTEN SCHICHT

Die vorangehenden Analysen haben gezeigt: Soweit es sich um das Funktionieren von Systemen mit zielgerichteter Organisation handelt, scheint kein Anlaß zu bestehen, seine Zuflucht zu zwecksetzenden Prinzipien zu nehmen; die Struktur von ZO-Systemen ist eine rein kausale, nichtteleologische Struktur. Diese Struktur – insbesondere die jeweilige Regulationsvorrichtung – im Detail zu beschreiben, ist nicht mehr Aufgabe philosophischer Analyse, sondern empirischer Spezialuntersuchungen. Wir setzen für das Folgende voraus, durch solche Untersuchungen sei gezeigt worden, daß auch Systeme mit Selbstregulation, mit Selbstreproduktion ('Fortpflanzung') usw. unter den Begriff des kausal beschreibbaren ZO-Systems subsumiert werden können, sowie daß auch dort, wo im Verhältnis zwischen Individuum und Umwelt eine höhere Zweckmäßigkeit zu walten scheint, nur ein kausal analysierbares

ZO-System von höherer Ordnung vorliegt. Dann ist auch für den Bereich der Organismen die Teleologie als eine scheinbare nachgewiesen, allerdings nur, *soweit das bloße Funktionieren der Organismen zur Diskussion steht.*

Die Situation ändert sich von neuem, wenn die *Entstehungsfrage* aufgeworfen wird. Teleologische Aussagen, die diese genetische Frage zu beantworten suchen, rechneten wir früher zur dritten Schicht. Hier von einer ganz neuen Schicht von teleologischen Aussagen zu sprechen, ist dadurch gerechtfertigt, daß die eben skizzierte 'Kausaltheorie' des Funktionierens von ZO-Systemen keineswegs eine Kausaltheorie der Entstehung von ZO-Systemen zur Folge hat.

Es liegt zunächst sogar nahe, auf Grund von Analogiebetrachtungen die Notwendigkeit teleologischer Erklärungen der Entstehung von ZO-Systemen anzunehmen. So ist nicht nur der menschliche Organismus in bezug auf sein Blut ein Temperaturregulator, der diese Temperatur äußeren Einflüssen gegenüber konstant zu halten sucht, sondern z.B. auch ein Kühlschrank. Gebilde der Technik können ebenso ZO-Systeme sein, wie naturgewachsene organische Gebilde. Und gerade weil bei allen von Menschen geschaffenen Maschinen die Entstehungsfrage durch eine echte teleologische Erklärung beantwortet werden muß – natürlich im früher geschilderten Sinn einer kausalen Erklärung i.w.S., unter deren Antecedensbedingungen Motive zielstrebiger Wesen vorkommen –, ist die Verführung außerordentlich groß, im Falle biologischer Gebilde oder anderer naturgeschaffener Selbstregulatoren (zu deren primitiven Formen man vielleicht bereits Atome oder Planetensysteme rechnen könnte) die Entstehungsfrage durch eine Erklärung aus Motiven zu beantworten. Diese Analogiebetrachtung wäre eine ähnliche wie jene, auf Grund deren bereits Aristoteles lange vor dem Ausbau der exakten Naturwissenschaften sein teleologisches Weltbild entwickelt hat. Nur daß diese Analogiebetrachtung jetzt auf eine höhere Ebene gehoben worden wäre; denn während Aristoteles bereits Analogien zwischen den Produkten einfacher Handwerkertätigkeit und den Erzeugnissen der Natur zugrunde legte, würde nunmehr erst die Beantwortung der Frage nach der Entstehung von ZO-Systemen derartige Analogien rechtfertigen.

Zwei Faktoren scheinen es vor allem zu sein, die an dieser Stelle eine teleologische Betrachtungsweise aufzwingen: erstens die Tatsache, daß eine 'zufällige' erstmalige Entstehung eines Systems mit zielgerichteter Organisation ungeheuer unwahrscheinlich wäre, und zweitens das Phänomen der Höherentwicklung der Organismen. Vor allem die durch zahllose empirische Daten gestützte und praktisch nicht zu bezweifelnde Hypothese, daß die höheren, d.h. differenzierteren Formen von Organismen aus niedrigeren Formen entstanden sind, das Leben sich also im Sinne zunehmender Differenzierung weiterentwickelt, ist oft geradezu als ein Beweis für das Walten eines lenkenden Geistes angesehen worden. Ein charakteristisches Beispiel aus der Literatur sei hier angeführt. In dem Werk von A. Kastil über die Philosophie von Franz Brentano heißt es anläßlich der Erörterung des teleologischen Gottesbeweises: 'Ebensowenig läßt sich die Fortentwicklung [1]) über eine bereits erreichte Stufe von hoher Vollkommenheit hinaus ohne Zuhilfenahme neuer und scheinbar höchst teleologischer Annahmen verstehen. ...Der Gedanke sei durch einen Vergleich illustriert. Es gelänge, eine Maschine zu konstruieren, die sich nicht bloß als Individuum ständig erneuerte, sondern auch aus der umgebenden Natur Stoffe aufnehmend, eine kleine Maschine aus sich heraus entwickelte, die dann zur Größe der ersten heranwüchse, also eine sich fortpflanzende Maschine. Wird sie sich immer weiter fortentwickeln? Und werden die abstammenden Maschinen noch vollkommener sein? Jeder gesunde Sinn wird das Gegenteil erwarten. Blinde Abweichungen werden wohl vorkommen, aber in verschlechterter Auflage. Immerhin könnte auch eine Verbesserung darunter sein. Jedenfalls aber weit mehr Verschlechterungen, und darum wird die Maschine, wenn sie überhaupt variieren kann, degenerieren, bis sie schließlich gar nicht mehr gehen wird. Ganz analog liegt der Fall bei den höheren Organismen, ja bei jedem Organismus...' [2]) Wenn die kybernetische Forschung zu der vorliegenden Frage überhaupt etwas beitragen kann, so sicherlich dies, daß äußerste Vorsicht am Platze ist hinsichtlich solcher Äußerungen, wie daß 'jeder gesunde Sinn' eine selbständige Weiterentwicklung von Maschinen ablehnen müsse. Der Umstand, daß es sich als möglich erwiesen hat, Maschinen zu erbauen, die sich in bezug auf bestimmte Fähigkeiten weiterentwickeln können und darin schließlich sogar ihren Erbauer zu übertreffen vermögen, bildet vielmehr einen deutlichen Hinweis darauf, daß auch der Vorgang der Selbstverbesserung und

---

[1]) Gemeint ist die Fortentwicklung der Organe von Lebewesen.
[2]) [6], S. 280.

Selbstdifferenzierung etwas darstellt, zu dessen Erklärung kein weiteres Rüstzeug erforderlich ist als physikalisch-chemische Gesetzmäßigkeiten. Vorläufig liegt hier allerdings erst eine noch zu bewältigende Aufgabe vor. Sie wird am besten wieder in eine philosophische und eine empirische zerlegt: So wie auf der zweiten Schicht der Begriff des ZO-Systems im Mittelpunkt stand und die philosophische Analyse diesen Begriff zu präzisieren suchte und die prinzipielle Struktur von ZO-Systemen zu beschreiben hatte, während die Analyse konkreter Spezialtypen solcher Systeme eine einzelwissenschaftliche Aufgabe blieb, so würde auf der dritten Schicht der Begriff des *Selbstverbesserers* oder *Selbstdifferenzierers* im Mittelpunkt stehen. Auch hier müßte sich die philosophische Analyse darauf beschränken, diesen Begriff zu präzisieren und zu zeigen, daß die in einem solchen Objekt stattfindenden Prozesse prinzipiell eine nichtteleologische kausale Erklärung gestatten, während die Beschäftigung mit den bekannten Fällen von Selbstdifferenzierern der empirischen Analyse überlassen bleiben müßte.

Angenommen, dieses Projekt sei in allen erforderlichen Einzelheiten realisiert worden. Dann ergibt sich auch eine neue Ausgangsbasis zur Beurteilung der anderen noch offenstehenden Frage, wie sich die erstmalige, ohne Beteiligung einer zwecksetzenden Instanz scheinbar ungeheuer unwahrscheinliche Entstehung eines Systems mit zielgerichteter Organisation erklären lasse. Denn *diese Frage ist jetzt zurückgeschoben worden auf die der Entstehung jener primitiven Formen solcher Systeme, bei denen der ganze Entwicklungsprozeß einsetzt*. Nach Voraussetzung sollen ja dieser Prozeß selbst und das Funktionieren der in seinem Verlauf entstehenden 'höheren' Formen von Organismen in nichtteleologischer Weise erklärbar sein. Obwohl die Frage solcher Entstehung eine rein empirische Angelegenheit bleibt, ebenso wie die andere Frage, ob wirklich an einer Stelle in abrupter Weise eine ganz neue Form von Systemen eintritt oder ob die Entwicklung von Organismen nur als die Fortsetzung eines weiter zurückreichenden kontinuierlichen Prozesses anzusehen ist, mögen doch zwei Dinge erwähnt werden, die hier von Relevanz sein dürften: Erstens ist die *Zufallsentstehung* jener Primitivformen von Organismen bei weitem nicht mehr mit jenem Maß an Unwahrscheinlichkeit behaftet wie es bei der zufälligen Entstehung von höheren Formen der Fall wäre. (Wenn hier von zufälliger Entstehung gesprochen wird, so ist damit natürlich dies gemeint, daß derartige Systeme aus Konstellationen der anorganischen Natur hervorgehen, wobei nur physikalischchemische Gesetzmäßigkeiten, jedoch kein zwecksetzendes Bewußtsein beteiligt sind). Zweitens lehrt die Erfahrung, daß Leben offenbar nur an einem sehr kleinen Teil des materieerfüllten Raumes zur Entstehung und Entwicklung gelangt und daß auch dort – wie etwa auf unserem Planeten – die Entstehung (jedoch nicht unbedingt die Weiterentwicklung) auf eine sehr kurze Zeitepoche beschränkt bleibt. Während ein häufigeres Auftreten jener höheren Systemformen im Universum tatsächlich Anlaß zu Verwunderung geben müßte, wenn man auf echte teleologische Erklärung verzichten wollte, dürfte dagegen dieser große kosmische Seltenheitswert des Lebens mit der statistischen Unwahrscheinlichkeit seines zufälligen Entstehens in Einklang zu bringen sein.

Hinsichtlich der teleologischen Aussagen der ersten und zweiten Schicht kann bereits heute die prinzipielle Übersetzbarkeit in nichtteleologische Aussagen behauptet werden. Dagegen bestehen für einen analogen Nachweis bezüglich der teleologischen Aussagen der dritten Schicht noch erhebliche Lücken. Bevor man sich anschicken kann, diese Lücken zu schließen, muß man sich Klarheit darüber zu verschaffen suchen, worin sie bestehen. Die vorangehenden Bemerkungen sollten als Hinweise in dieser Richtung aufgefaßt werden. Da es hier nicht darauf ankam, eine Theorie zur Lösung der dabei auftretenden Schwierigkeiten zu entwerfen, konnte auf eine Präzisierung verschiedener relevanter Begriffe ('Selbstverbesserer', 'Höherentwicklung', 'zufällige Entstehung') verzichtet werden.

Um teleologische Erklärungen von Vorgängen, an denen keine bewußten menschlichen Zielsetzungen beteiligt sind, generell als eine nachweislich bloße 'façon de parler' bezeichnen zu dürfen, muß somit gezeigt worden sein, daß die folgenden fünf Bedingungen erfüllt sind:

(1) Organismen und sonstige Naturgebilde mit zielgerichteter Organisation sind unter einen präzisierbaren Begriff des ZO-Systems subsumierbar;

(2) Die Struktur von ZO-Systemen und die in ihnen ablaufenden Prozesse können in einer nichtteleologischen Sprache vollständig und adäquat beschrieben und erklärt werden; insbesondere genügen für die Erklärungen (und eventuellen Prognosen) kausale Betrachtungsweisen, in denen Kausalgesetze i.w.S. zur Anwendung gelangen, jedoch niemals auf Motive zwecksetzender Wesen Bezug genommen wird;

(3) Alle natürlichen Prozesse der 'Höherentwicklung' können unter einen präzisierbaren Begriff des Selbstverbesserers oder Selbstdifferenzierers subsumiert werden;

(4) Die Struktur von und die Prozesse in Selbstdifferenzierern sind in derselben Weise einer rein kausalen Analyse zugänglich wie Struktur und Vorgänge in ZO-Systemen;

(5) Die Entstehung der einfachsten Fälle von ZO-Systemen, bei denen der zu höheren Formen führende Prozeß der Selbstdifferenzierung einsetzt, ist kausal erklärbar. Die für die Entstehung dieser Gebilde erforderliche Ausgangskonstellation besitzt eine hinreichende statistische Wahrscheinlichkeit, um an bestimmten Raum-Zeit-Gebieten des Universums zur Verwirklichung zu führen.

(5) bleibt eine rein empirische Angelegenheit, die in den Punkten (1) bis (4) angeführten Aufgaben dagegen zerfallen in wissenschaftstheoretische und erfahrungswissenschaftliche Teile.

Wenn im Vorangehenden immer wieder von kausalen Erklärungen i.w.S. bzw. von Kausalgesetzen i.w.S. die Rede war, so darf dies natürlich nicht so verstanden werden, als werde damit verlangt, daß die physikalischen Gesetze *in ihrer gegenwärtigen Fassung* ausreichen müßten, um alle scheinbar teleologischen Vorgänge zu erklären. Wie allgemein anerkannt wird, sind diese Gesetze keine verifizierten Tatsachen, sondern stellen Hypothesen dar, die durch das vorliegende Erfahrungsmaterial mehr oder minder gut bestätigt werden. Auch eine sehr gut bestätigte Hypothese kann sich aber auf Grund neuer Erfahrungsdaten als unhaltbar erweisen. Die Frage, ob eine 'kausale Theorie des Lebens' auf der Basis der heute akzeptierten Naturgesetze möglich sei, ist daher für das Problem der Teleologie genau so wenig von Relevanz, wie für die prinzipielle Voraussagbarkeit astronomischer Vorgänge die Frage von entscheidender Bedeutung ist, ob die bis heute bekannten Gesetze für alle diese Voraussagen ausreichen. Theoretisch ist sogar die Situation denkbar, daß zwei Klassen von physikalischen Theorien T_1 und T_2 für das anorganische Naturgeschehen dasselbe leisten, T_2 jedoch darüber hinaus die Erklärung bestimmter biologischer Phänomene ermöglicht, während T_1 keine derartigen Erklärungen liefert. Hier wäre der Theorie T_2 der Vorzug zu geben. Es würde sich bei einer derartigen Situation nur um einen speziellen Fall eines allgemeinen wissenschaftstheoretischen Sachverhaltes handeln: Wenn von zwei Theorien die erste die Erklärung und Prognose bestimmter Arten von Vorgängen ermöglicht, die zweite jedoch nicht, und im übrigen beide Theorien dieselbe Leistungsfähigkeit besitzen, so ist die erste Theorie mit dem größeren Voraussagegehalt vorzuziehen.

Da im Zusammenhang mit den teleologischen Aussagen der dritten Schicht auch der 'teleologische Gottesbeweis' erwähnt worden ist, so möge abschließend zu diesem Punkt eine Bemerkung angefügt werden. Von empiristischer Seite würde dieses Argument vermutlich aus demselben Grunde zurückgewiesen werden wie alle anderen theologischen Argumente, nämlich weil darin mindestens ein Ausdruck verwendet wird, der gegen das empiristische Sinnkriterium verstößt. Angesichts der Problematik dieses Kriteriums würde ein solcher Einwand nur eine sehr geringe Durchschlagskraft besitzen. Es ist auch gar nicht erforderlich, sich bei der Kritik dieses Argumentes auf die empiristische Grundthese zu berufen; denn der eigentliche Mangel des Beweises liegt an anderer Stelle: Zunächst kann überhaupt nicht von einer bewiesenen Behauptung gesprochen werden, sondern nur von einer Hypothese. Diese soll allerdings dadurch zu einem beweisbaren Satz verschärft werden, daß man alle übrigen Hypothesen logisch ausschließt. Es bedarf keiner komplizierten wissenschaftstheoretischen Analysen, um einzusehen, daß ein derartiges Verfahren undurchführbar ist. Logisch ausgeschlossen darf nur dasjenige werden, was kontradiktorisch ist; die Ausschaltung der unübersehbaren Zahl logisch möglicher anderer Hypothesen und der Übergang zu der Behauptung, daß nur eine einzige dieser Hypothesen endgültig gesichert sei, stellt daher auf alle Fälle eine Voreiligkeit dar. Im vorliegenden Falle kann genau angegeben werden, worin diese Voreiligkeit besteht: Sie liegt im Übergang vom '*bisher* nicht auf nichtteleologische Weise kausal erklärbar' zum '*prinzipiell* nicht auf nichtteleologische Weise kausal erklärbar'. Der Fehler dieses Überganges besteht unabhängig davon, wie es mit dem Problem der Übersetzbarkeit teleologischer Aussagen aller Schichten in nichtteleologische Sätze steht. Sollte jedoch der Nachweis dieser prinzipiellen Übersetzbarkeit aller teleologischen Aussagen in nichtteleologische erbracht worden sein, so wäre damit zugleich gezeigt worden, daß es sich bei dem fraglichen Argument nicht nur um einen logisch nicht zu rechtfertigenden Schluß aus zutreffenden Voraussetzungen handelt, sondern um einen Fehlschluß aus unrichtigen Prämissen.

BIBLIOGRAPHIE

[1] *Braithwaite, R. B.*, 'Teleological Explanation', Arist. Proc., 47, 1947.
[2] *Carnap, R.*, 'The Methodological Character of Theoretical Concepts', Minnesota Studies in the Philosophy of Science, 1956. Deutsche Übersetzung von A. Scheibal in: Ztschr. f. Phil. Forschg., XIV/2, XIV/4, 1960.
[3] *Feigl, H.*, 'Notes on Causality', Readings in the Philos. of Sc., 1953.
[4] *Goodman, N.*, 'Fact, Fiction & Forecast', Cambridge, Mass. 1955.
[5] *Hempel, C. G.*, und *Oppenheim, P.*, 'The Logic of Explanation', Philos. of Sc., 15, 1948. Teil I–III abgedruckt in: Readings in the Philos. of Sc., 1953.
[6] *Kastil, A.*, 'Die Philosophie Franz Brentanos', München 1951.
[7] *Macovschi, E.*, 'Wie die ersten Proteine auf der Erde entstanden sind', Medizin. Monatsspiegel, VII/1, 1958.
[8] *Nagel, E.*, 'Mechanistic Explanation and Organismic Biology', Philos. and Phen. Res., 9, 1951.
[9] *Nagel, E.*, 'Teleological Explanation and Teleological Systems', Readings in the Philos. of Sc., 1953.
[10] *Rosenblueth, A., Wiener, N.,* und *Bigelow, J.*, 'Behaviour, Purpose and Teleology', Philos. of Sc., 10, 1943.
[11] *Stegmüller, W.*, 'Das Problem der Kausalität', Probleme der Wissenschaftstheorie (Festschrift für V. Kraft), Wien 1960.
[12] *Stegmüller, W.*, 'Conditio Irrealis, Dispositionen, Naturgesetze und Induktion', Kant-Studien, 50/3, 1959.

ERKLÄRUNG, VORAUSSAGE, WISSENSCHAFTLICHE SYSTEMATISIERUNG UND NICHT-ERKLÄRENDE INFORMATION [1]

1. *Einleitung.* Im Verlauf der Diskussion einer unwichtigen Frage können wichtige Dinge zum Vorschein kommen. Das gilt insbesondere auch für die Diskussion des Problems der Ähnlichkeit oder Unähnlichkeit zwischen Erklärung und Voraussage: Diese Diskussion lieferte uns neue Einsichten in die außerordentliche Vielfalt möglicher Anwendungen wissenschaftlicher Theorien, obzwar die Frage als solche nicht sehr bedeutend zu sein scheint. Merkwürdigerweise konnte über die Beantwortung dieser Frage bis heute keine Übereinstimmung erzielt werden. Dies ist teilweise auf die Vagheit und Mehrdeutigkeit von vier Klassen von Begriffen zurückzuführen, die in dieser Diskussion ständig benutzt werden: (1) die Ausdrücke „Erklärung" und „Voraussage" selbst; (2) Ausdrücke wie „strukturelle Ähnlichkeit" und „strukturelle Verschiedenheit", die bei der Formulierung der zur Erörterung stehenden These und Gegenthese benützt werden; (3) die Unterscheidung zwischen dem, was „gegeben" ist, und was „nachträglich zur Verfügung gestellt" wird; (4) der Unterschied zwischen „Vernunftsgründen", d. h. Gründen dafür, etwas zu glauben, und „Seinsgründen", d. h. Gründen oder Ursachen für das Stattfinden von Ereignissen. Hinsichtlich (1) und (2) soll im folgenden der Versuch einer Explikation unternommen werden; (3) wird durch eine einfache Entscheidung erledigt. In bezug auf (4) soll kein endgültiger Vorschlag darüber gemacht werden, wie diese Begriffe zu explizieren sind. Dagegen wird sich in Abschnitt 3 ein Argument auf diese intuitive Unterscheidung stützen.

Im nächsten Abschnitt soll gezeigt werden, daß die Diskussion über die Ähnlichkeitsthese in ihrer gegenwärtigen Form in dem Sinn unlösbar ist, daß man sie weder als wahr noch als falsch beweisen kann. Es werden verschiedene Konventionen eingeführt. Unter gewissen dieser Konventionen wird die Ähnlichkeitsthese beweisbar, unter anderen Konventionen die Gegenthese. Mittels inhaltlicher Überlegungen läßt sich zeigen, daß keine dieser Konventionen unvernünftig ist, zumindest dann nicht, wenn wir uns auf solche Argumente beschränken, die in der Vergangenheit vorgebracht worden sind. In Abschnitt 3 wird dann ein zusätzliches Argument erwogen, aufgrund dessen es als plausibel erscheint, die Gegenthese zu akzeptieren. Ein systematischeres Verfahren wird in Abschnitt 4 vorgeschlagen, wonach alle Ausdrücke wie „Erklärung", „Voraussage", „Retrodiktion" usw. vollständig vermieden werden. Im 5. Abschnitt soll gezeigt werden, daß selbst der allgemeinste Begriff der wissenschaftlichen Systematisierung unzureichend ist, da es wichtige Anwendungen von Gesetzen und Theorien auf konkrete Situationen gibt, die nicht unter diesen Oberbegriff subsumiert werden können. Eine derartige Anwendung von Theorien werden wir „nicht-erklärende Information" nennen. Ein scheinbares Paradoxon, das Rescher in seinem Artikel [7] erzeugte, wird mit Hilfe dieses Begriffs gelöst werden.

---

[1] Herrn Professor Carl G. Hempel möchte ich für seine anregenden kritischen Bemerkungen zur ersten Fassung dieser Abhandlung herzlich danken.

Um die folgenden Erörterungen nicht mit überholten Dingen zu belasten, nehmen wir gleich hier zwei Details vorweg, auf die I. Scheffler hingewiesen hat und bezüglich deren wir heute allgemeine Übereinstimmung voraussetzen können: Erstens haben die beiden Prädikate „ist eine Erklärung" und „ist eine Voraussage", so wie sie im wissenschaftlichen wie im vorwissenschaftlichen Alltag verwendet werden, einen ganz verschiedenen Anwendungsbereich. Das letztere wird auf Aussageäußerungen angewendet, das erstere dagegen nur auf konkrete Argumente (wenigstens dann, wenn man zugibt, daß ein „Weil-Satz" ein rudimentäres Argument darstellt, d. h. etwas, das als Argument *intendiert* ist). Aus diesem Grunde ist nur der Vergleich zwischen Erklärungen und *rationalen* oder *wissenschaftlichen* Voraussagen von Interesse. Zweitens gibt es selbstverständlich mehr Spezialfälle wissenschaftlicher Systematisierungen als Erklärung und Voraussage. Ein systematischer Überblick darüber wird in Abschnitt 4 gegeben werden. Für den Augenblick erwähnen wir nur drei Möglichkeiten, in Ergänzung zu den von I. Scheffler angeführten Fällen: (1) Wie in [7] gezeigt wurde, kann es für den Erfolg einer Erklärung wesentlich sein, daß das „Antecedensereignis" in zwei Teile aufgesplittert wird, wobei der eine Teil früher und der andere später stattfindet als das „Explanandumereignis". (2) Angenommen, das Antecedensereignis ist früher als das Explanandumereignis, wobei das letztere später und das erstere nicht später sei als der Zeitpunkt der Deduktion (d. h. die Systematisierungsäußerung). Innerhalb dieser Deduktion ist die Explanandumäußerung vorgegeben, während das Antecedens und die Gesetze nachträglich zur Verfügung gestellt werden. Falls eingewendet werden sollte, daß eine solche Situation unmöglich ist, so zeigt eine einfache Charakterisierung dieser Situation in alltagssprachlichen Ausdrücken, daß dem nicht so ist. Der Fall könnte etwa „Rationalisierung einer vorher irrationalen Voraussage" genannt werden (diese Bezeichnung legt allerdings in irreführender Weise den Gedanken nahe, daß hier eine irrationale Voraussage mit einer rationalen *verglichen* wird, was jedoch nicht stimmt). (3) Alle drei Komponenten der Deduktion: das Antecedens, die Gesetze und das Explanandum seien vorgegeben. Dies scheint ein trivialer Fall zu sein; wegen des Theorems von Church ist dies aber nicht so. Ein derartiger Fall könnte etwa in einer Übung zu einem Astronomielehrgang auftreten und könnte „Lösung einer deduktiv-nomologischen (oder statistischen) Systematisierungsaufgabe" genannt werden.

In Anbetracht der Mannigfaltigkeit wissenschaftlicher Systematisierungen müssen wir uns entschließen, ob die Ähnlichkeitsthese nur auf Erklärungen und Voraussagen angewendet werden soll oder auf alle Typen von Systematisierungen. Es wird sich herausstellen, daß dies einen Unterschied ergibt.

Zur Vorbereitung des nächsten Abschnittes dürften einige Bemerkungen über die Vagheit und Mehrdeutigkeit des Ausdrucks „Erklärung", im Gegensatz zum Ausdruck „Voraussage", angebracht sein. Wir haben es dabei mit einem trivialen und mit einem nichttrivialen Aspekt zu tun. Der *triviale* Aspekt ist der folgende: „Erklärung" hat außer seinem Gebrauch in Kontexten wie „Erklärung von Ereignissen" mindestens vier Verwendungen, zu denen es kein Analogon mit dem Ausdruck „Voraussage" gibt. Nämlich wir sprechen auch (1) von Erklärungen von *Gesetzen* oder *Theorien;* (2) von der Erklärung des *Funktionierens eines Systems* (z. B. des Arbeitens einer Maschine oder des Selbstregulationsverhaltens eines „teleologischen" Systems)¹; (3) von Erklärungen der *Bedeutung* eines Ausdrucks oder der Wichtigkeit einer Sache; (4) von Erklärung im Sinn einer (moralischen) Rechtfertigung (etwa in Kontexten wie „erkläre, warum du das getan hast!"). In all diesen Fällen ergibt es keinen Sinn, von Voraussage zu sprechen.

Der *nichttriviale* Aspekt betrifft die Vagheit des Begriffs der Erklärung in dem engen Sinn von „Erklärung von Ereignissen". Von Bedeutung ist hier nicht die Tatsache, daß eine solche Vagheit existiert, sondern daß zwischen den beiden Ausdrücken „Erklärung" und „Voraussage" sozusagen „eine strukturelle Divergenz in bezug auf Vagheit" besteht. Beide haben einen verhältnismäßig scharfen Bedeutungskern, wo ihr Gebrauch für uns beinahe vollkommen klar ist. Daneben gibt es unklare Grenzfälle. Deren Spielraum scheint aber im Fall der Erklärung viel größer zu sein als im Fall der Voraussage. Wir zögern daher, wenn wir gefragt werden, ob ein induktives Argument (im nichtstatistischen Fall) für eine Erklärung ausreicht, oder ob es sinnvoll sei, von dem Versuch zu sprechen, etwas zu erklären, „das hätte stattfinden können". Dagegen zögern wir in bestimmten Fällen nicht, von rationalen Voraussagen zu sprechen, wenn das vorgeschlagene Argument nichtdeduktiv ist oder wenn die Aussage, die das vorausgesagte Ereignis beschreibt, falsch ist. Dieser Umstand wird im nächsten Abschnitt für die Formulierung der Konventionen 1 und 2 benützt.

2. *Über mögliche Konventionen, die den Gebrauch von „Erklärung" und „Voraussage" regeln.* Nachdem I. Scheffler in seinem Buch [9], S. 46, auf Unterschiede zwischen Erklärung und Voraussage hingewiesen hat, schließt er mit den Worten: „Solche Divergenz ist sicherlich strukturell, in jedem natürlichen Sinn des Wortes." Solange aber diese „natürlichen Bedeutungen" nicht präzisiert sind, kann man nicht erwarten, die Sache endgültig zu entscheiden.

Es dürfte ratsam sein, zunächst den positiven Fall „strukturelle Ähnlichkeit" zu definieren und dann in einem zweiten Schritt den Begriff der strukturellen Divergenz zu identifizieren mit dem Nichtbestehen einer strukturellen Ähnlichkeit. Es wird sich herausstellen, daß diese Definition verschieden lauten muß, je nachdem ob wir diese Prädikate nur in bezug auf Erklärung und Voraussage definieren oder in bezug auf alle Arten von wissenschaftlichen Systematisierungen. Ebenso wie in [9] beziehen wir uns mittels „*a*" auf das Antecedensereignis und mit „*b*" auf das Explanandumereignis, während Großbuchstaben dazu dienen, jene Äußerungen (oder Inschriften) wiederzugeben, die im Argument vorkommen: „*A*" bezeichne die Antecedensaussage, „*T*" die Theorie- (oder Gesetzes-)Aussage, „*B*" die Explanandumaussage; auf die ganze Deduktion, wieder als ein Ereignis und nicht als eine Gestalt interpretiert, beziehen wir uns durch „*D*".

Der Ausdruck „pragmatische Umstände" soll zweierlei umfassen:
(a) die zeitliche Relation zwischen dem Vorkommen von *D* auf der einen Seite und von *a* und *b* auf der anderen Seite (in Abschnitt 4 wird dies die *pragmatische Zeitrelation* genannt werden);

---

[1] Erklärungen von diesem Typus können sicherlich nicht auf Erklärungen von Ereignissen und (oder) Erklärungen von Gesetzen reduziert werden, da sie normalerweise zahlreiche „bloße Beschreibungen" einschließen.

(b) die *pragmatische Relation des Gegebenseins*, d. h. die Angabe jener Konstituenten von D, die zuerst gegeben sind (z. B. A und T), und jener, die später zur Verfügung gestellt werden (z. B. B). (Einige Bemerkungen über die möglichen Definitionen von „gegeben" sollen später gemacht werden; hier setzen wir dies als eine vertraute Unterscheidung voraus.)

Eine *strukturelle Ähnlichkeit zwischen Erklärung und Voraussage* soll genau dann bestehen, wenn folgendes gilt: (1) zu jeder Erklärung D_1 existiert mindestens eine mögliche Voraussage D_1', so daß D_1 und D_1' sich voneinander nur in bezug auf die pragmatischen Umstände unterscheiden, und (2) zu jeder Voraussage D_2 existiert mindestens eine mögliche Erklärung D_2', so daß sich D_2 und D_2' voneinander nur durch die pragmatischen Umstände unterscheiden. Das Vorkommen des Wortes „möglich" macht die hier definierten Begriffe zu *intensionalen* Begriffen. Dies läßt sich in Anbetracht der Tatsache, daß Erklärungen und Voraussagen *Ereignisse* sind, nicht vermeiden.

Für den ersten Augenblick könnte es scheinen, als ob eine natürliche Verallgemeinerung dieser Definition auf den Fall beliebiger wissenschaftlicher Systematisierungen dadurch zustande käme, daß man das Definiens ersetzt durch „zu jeder wissenschaftlichen Systematisierung [2] D eines bestimmten Typus existiert von jedem anderen Typus mindestens eine mögliche Systematisierung D', so daß sich D und D' voneinander nur durch die pragmatischen Umstände unterscheiden". Dies würde jedoch nicht funktionieren. Bei Benutzung dieser Definition würde nämlich die These von der strukturellen Divergenz trivial richtig sein, da für jede Voraussage die zeitliche Relation zwischen a und b in der umgekehrten Richtung verläuft wie für eine Retrodiktion. Zwischen diesen beiden Typen würde daher stets eine strukturelle Divergenz bestehen. Wenn wir die fragliche Zeitrelation die ontologische Zeitrelation nennen, so hätten wir die letzte Wendung im Definiens zu ersetzen durch „in bezug auf die pragmatischen Umstände oder die ontologische Zeitrelation allein". Aus Gründen der Einfachheit werden wir uns aber für den Rest dieses Abschnittes nur auf den speziellen Fall der Erklärung und Voraussage beziehen.

Wir müssen drei Argumente gegen die Ähnlichkeitsthese betrachten. Das erste besagt, daß im Fall rationaler Voraussagen mehr Wahrheitswerteverteilungen gestattet sind als im Fall von Erklärungen. In einer rationalen Voraussage kann die Voraussageäußerung falsch sein, während eine wissenschaftliche Erklärung selbst im Fall der Falschheit in dem rationalen Versuch bestehen muß, eine *Tatsache* zu erklären (d. h. etwas, das durch eine *wahre* Aussage beschrieben wird). Wir nennen dieses Argument das *Wahrheitswertargument*. Hempel führte den Begriff der *potentiellen Erklärung* ein, der als eine Verallgemeinerung des Begriffs der Erklärung von Tatsachen gemeint war und der per definitionem Argumente mit falscher Conclusio einschließt. Dementsprechend ziehen wir zwei mögliche Konventionen in Betracht:

Konvention 1a. Der Ausdruck „Erklärung" darf nur auf Argumente mit richtigen Schlußsätzen angewendet werden.

Konvention 1b. Der Ausdruck „Erklärung" ist so zu verwenden, daß er alle Fälle von potentiellen Erklärungen mit umfaßt (einschließlich solcher mit falscher Conclusio).

---

[2] Es wird hier vorausgesetzt, daß scharfe Grenzlinien zwischen den verschiedenen Arten von Systematisierungen gezogen werden können, wie Erklärung, Voraussage, Retrodiktion (oder: Retrodiktion der ersten und der zweiten Art; vgl. Abschnitt 4).

Es ist nicht erforderlich, für Voraussagen eine analoge Unterscheidung zu treffen; denn hier können wir ein allgemeines Einverständnis darüber voraussetzen, daß Argumente mit falschen Konklusionen rationale Voraussagen sein können.

Die Opponenten gegen die Ähnlichkeitsthese scheinen zu glauben, daß nur die Konvention 1a sinnvoll sei. Eine solche Behauptung läßt sich aber kaum aufrechterhalten. Erstens nämlich ist der Fall einer potentiellen Erklärung mit falscher Conclusio gerade einer jener Grenzfälle, in denen der normale Gebrauch des Wortes keine klare Entscheidung liefert. Warum soll man dann nicht diesen Fall in einen erweiternden Gebrauch von „Erklärung" einschließen? Ein solcher Einschluß würde den Bedeutungskern des Ausdrucks nicht beeinträchtigen. Zweitens scheint es, daß man die Konvention 1b erfolgreich mit Hilfe eines Gedankenexperimentes stützen könnte. Wir nehmen an, daß ein Historiker oder Naturwissenschaftler Y große Anstrengungen macht, um eine bestimmtes historisches Ereignis zu erklären. Später stellt sich heraus, daß dieses Ereignis niemals stattgefunden hat. Wenn aber die dem Y zur Verfügung stehende Information, wonach sich der fragliche Vorgang wirklich ereignete, ebenso gut bestätigt war wie die Gesetze oder Theorien, die er in seinem Erklärungsversuch benützte, dann würden wir diesen Versuch keinen irrationalen Erklärungsversuch nennen. Wir fühlen uns daher berechtigt zu sagen, daß Y einen rationalen Versuch unternommen hat, etwas zu erklären. Und der Begriff der potentiellen Erklärung ist gerade das technische Äquivalent dieses Gedankens.

Ob wir einen Fall wie diesen in die Extension von „potentielle Erklärung" einschließen oder nicht, hängt davon ab, ob wir das Wort „möglich" in der Definition dieses Begriffes einmal oder zweimal zulassen wollen: Soll eine potentielle Erklärung stets eine *mögliche* Erklärung von etwas sein, das *tatsächlich* stattgefunden hat, oder eine *mögliche* Erklärung von etwas, *das möglicherweise hätte stattfinden können*? Das gegebene Beispiel zeigt, daß es nicht vollkommen unvernünftig ist, eine Wahl zugunsten der zweiten Möglichkeit zu treffen.

Die Wahl in der einen oder anderen Richtung muß natürlich durch Beschluß erfolgen. Wie immer dieser Beschluß ausfallen möge, stets hätte auch die andere Alternative gewählt werden können. Wir gelangen daher zu der Schlußfolgerung, daß beide Konventionen vernünftig sind. Dies läuft aber darauf hinaus zu sagen, daß das Wahrheitswertargument versagt.

Es wäre vielleicht am zweckmäßigsten, den folgenden Ausweg zu wählen. Statt *eines* Erklärungsbegriffs führen wir *drei verschiedene* Begriffe ein: (a) den Begriff der *korrekten* oder *wahren* Erklärung einer *Tatsache;* (b) den Begriff des rationalen Erklärungs*versuchs* einer *Tatsache;* (c) den Begriff des rationalen Erklärungsversuchs (einer Tatsache *oder eines bloß möglichen Sachverhaltes*). (a) entspricht den ursprünglichen Adäquatheitsbedingungen von Hempel und Oppenheim; (c) ist Hempels Begriff der potentiellen Erklärung; (b) entspricht dem Begriff der potentiellen Erklärung, versehen mit der Einschränkung, daß die Konvention 1a von ihm gelten solle.

Nach dem zweiten Einwand gegen die Ähnlichkeitsthese muß eine rationale Erklärung stets Gesetze enthalten, während dies von einer rationalen Voraussage nicht gilt. Die letztere kann ein nichtstatistisches induktives Argument bilden (d. h. ein Argument, dessen Prämissen nicht einmal statistische Regelmäßigkeiten enthalten). In der Sprache von Carnaps Theorie der induktiven Wahrscheinlichkeit würden solche Voraussagen Fälle der „instance confirmation" sein. Dieser zweite Einwand braucht nicht gesondert betrachtet zu werden, da seine Gültigkeit von der Frage der Zulässigkeit nichtstatistischer induktiver Argumente als Argumente vom erklärenden Typus abhängt.

Wir kommen nun zu dem dritten und letzten Argument: Rationale Voraussagen schließen Fälle von nichtstatistischen induktiven Überlegungen ein, während rationale Erklärungen nur dann von induktiver Natur sein können, wenn unter ihren Prämissen statistische Gesetze vorkommen. I. Scheffler berichtet in [9], S. 31 ff., über ein von Hempel in [4] gegebenes Beispiel, das wir hier aus Raumgründen nicht wiedergeben. Dieses Beispiel würde eine induktive Erklärung ohne statistische Gesetze darstellen. Auf S. 30 schlägt Scheffler eine Umdeutung vor: Es wird eine zusätzliche Prämisse hinzugefügt, während 16 Prämissen des ursprünglichen Argumentes gestrichen werden. Durch die hinzugefügte neue Prämisse wird das Argument in ein *deduktives* Argument verwandelt, während die 16 weggelassenen Prämissen eine induktive Basis für die Annahme der neuen Prämisse darstellen. Das ursprüngliche Argument wird dadurch in zwei vollkommen verschiedene Verfahren zerlegt: in ein bestätigendes Argument zugunsten gewisser im Explanans vorkommender Aussagen, und in die eigentliche Erklärung, die nun von deduktiv-nomologischem Typus ist.

Das allgemeine Verfahren ist also dies: In einem ursprünglich induktiven Argument werden so viele Gesetzeshypothesen hinzugefügt, daß der Übergang zum Explanandum rein deduktiv möglich wird; gewisse singuläre Prämissen werden dabei überflüssig und können jetzt in einem getrennten Prozeß als induktive Stützen für die hinzugenommenen Gesetzeshypothesen aufgefaßt werden. Es ist sicherlich richtig, daß diese Transformation gemacht werden *kann*. Die Frage aber ist, ob diese Umformung gemacht werden *muß*, um nicht eine „unnatürliche" Konstruktion des Ausdrucks „Erklärung" zu erhalten. Wieder scheint die Antwort negativ zu sein. Ebenso wie im Wahrheitswertfall haben wir es hier mit einem jener Grenzfälle zu tun, für die uns der normale Wortgebrauch keine klare Antwort liefert. Es muß daher eine Entscheidung durch Festsetzung getroffen werden. Selbst wenn man zugibt, daß Schefflers Vorschlag natürlicher ist (z. B. um einen nicht zeitrelativen Erklärungsbegriff zu erhalten), so können doch die folgenden Gesichtspunkte zugunsten von Hempels ursprünglicher Version vorgebracht werden:

(1) Wenn wir Hempels Interpretation statistischer Erklärungen im Prinzip akzeptieren, so sind wir genötigt, erklärende Argumente vom induktiven Typus anzuerkennen, falls wir uns nicht entschließen, auf statistische Argumente den Ausdruck „Erklärung" niemals anzuwenden [3]. Dann aber scheint es natürlicher zu sein, auch andere Arten von induktiven Argumenten einzubeziehen statt sie zu verbieten.

(2) Es ist auch gar nicht selbstverständlich, daß die von Scheffler vorgeschlagene Transformation immer vorgenommen werden kann. Selbst wenn wir voraussetzen, daß sich stets eine geeignete deduktiv-nomologische Erklärung von der verlangten Art finden läßt, so ist es noch immer nicht klar, daß das neue Explanans durch die ursprünglichen Prämissen in hohem Grade bestätigt wird. Ob dies der Fall sein wird oder nicht, hängt davon ab, wie gewisse Probleme in der Theorie der Bestätigung zu lösen sind. Wenn die neue Prämisse z. B. ein Gesetz von der Gestalt eines Allsatzes

---

[3] Ein solcher Entschluß hätte die paradoxe Konsequenz, daß man mit Hilfe der Prinzipien der Quantenmechanik nichts erklären könnte.

ist, so würde sie auf der Grundlage der Carnapschen Theorie den Bestätigungsgrad 0 haben, gleichgültig, was für Erfahrungsdaten zu ihrer Stützung benützt werden.

(3) Schließlich könnte es sich herausstellen, daß alle oder die meisten sogenannten deduktiv-nomologischen Erklärungen in Wahrheit induktive und nicht deduktive Argumente sind. Dies folgt aus einer von Canfield und Lehrer in [1] hervorgehobenen Schwierigkeit [4].

Es scheint daher, daß wir eine der beiden folgenden Konventionen annehmen können:

Konvention 2a. Es ist nur dann zulässig, den Ausdruck „Erklärung" auf induktive Argumente anzuwenden, wenn diese vom statistischen Typus sind.

Konvention 2b. Neben der Anwendung auf Argumente von statistischem und deduktiv-nomologischem Typus kann der Ausdruck „Erklärung" auch auf nichtstatistische induktive Argumente angewendet werden.

Wir lassen hier die Frage offen, ob die induktiven Argumente, die durch Konvention 2b zugelassen, durch Konvention 2a jedoch ausgeschlossen werden, zusätzliche Adäquatheitsforderungen erfüllen müssen, um Erklärungen genannt zu werden.

Angenommen, wir akzeptieren die Konventionen 1b und 2b. Da die ontologische Zeitrelation im Fall einer Erklärung dieselbe ist wie im Fall einer Voraussage, kann dann zu jeder Voraussage ein mögliches erklärendes Argument konstruiert werden (und umgekehrt), so daß sich beide nur durch die pragmatischen Umstände unterscheiden. Falls keine weiteren Gesichtspunkte in die Diskussion geworfen werden, besteht somit per definitionem eine strukturelle Ähnlichkeit zwischen Erklärung und Voraussage.

Wenn jedoch eine der anderen möglichen Kombinationen der Konventionen gewählt wird (z. B. K1a und K2b usw.), so wird die These von der strukturellen Divergenz beweisbar.

Damit ist gezeigt worden, daß unter geeigneten Konventionen, von denen keine als unvernünftig betrachtet werden kann, sowohl die These von der strukturellen Ähnlichkeit wie die Gegenthese beweisbar werden. Für den Fall der These bestand das Verfahren nur aus drei Schritten: (a) Hinweis auf gewisse Mehrdeutigkeiten im Begriff „rationale Erklärung"; (b) Einführung eines Begriffs der potentiellen Erklärung, der, abgesehen von pragmatischen Umständen, koextensiv ist mit dem Begriff der Voraussage; (c) Nachweis, daß dieser Begriff nicht völlig künstlich ist, sondern die Grundlage für eine mögliche Explikation des Begriffs der rationalen Erklärung bilden kann.

3. Ein zusätzliches Plausibilitätsargument zugunsten der Gegenthese. Das vorangehende Resultat beruht auf der Voraussetzung, daß keine weiteren Argumente zugunsten einer der beiden Thesen vorgebracht werden können. Ein solches Argument

---

[4] Selbst in solchen Fällen, wie der astronomischen Voraussage einer Sonnenfinsternis, wo der Naturwissenschaftler den deutlichen Eindruck hat, ein *deduktives* Argument zu liefern, kann es sich ereignen, daß sich ein noch unbekannter Himmelskörper von gewaltigem Ausmaß mit großer Geschwindigkeit auf unser Planetensystem zu bewegt und dabei die Vorausberechnung der Astronomen vereitelt. Diese Schwierigkeit kann sicherlich nicht so überwunden werden, daß man von der Gesetzeshypothese bzw. Theorie die Erfüllung der „Vollständigkeitsforderung" verlangt, wie die beiden zitierten Autoren dies nennen. Die einzige mögliche Lösung scheint vielmehr die zu sein, daß man eine zusätzliche Prämisse hinzufügt, welche die Annahme des Physikers oder Astronomen, daß das fragliche System ein *geschlossenes* System sei, explizit macht. Dies führt zu dem Problem, wie das Merkmal der Geschlossenheit in präziser Weise zu definieren ist.

soll hier geliefert werden. Dabei wird eine begriffliche Unterscheidung verwendet, die von I. Scheffler in seiner Diskussion der Ähnlichkeitsthese hervorgehoben worden ist, nämlich die Unterscheidung zwischen *Ursachen für ein Ereignis* und *Gründen für eine Überzeugung (Gründen dafür, etwas zu glauben)*. Sie stimmt weitgehend überein mit einer ähnlichen Unterscheidung, die in der traditionellen Philosophie anzutreffen ist, nämlich mit dem Unterschied zwischen „Seinsgründen" und „Vernunftgründen". Diese Unterscheidung ist in den Überlegungen von Abschnitt 2 nicht ausdrücklich verwendet worden. Tatsächlich jedoch liefern induktive Argumente bloß Gründe dafür, etwas zu glauben, dagegen keine Ursachen von Ereignissen. Wenn wir daher induktive Argumente als *erklärende* Argumente akzeptieren, so können wir es nicht vermeiden, erklärende „Prämissen" (Daten) zuzulassen, die keine Ursachen für das in der Explanandum-Aussage beschriebene Ereignis liefern. Dagegen würden wir erwarten, daß uns wenigstens Erklärungen von deduktiv-nomologischem Typus stets solche Ursachen liefern, und Scheffler scheint anzunehmen, daß dies der Fall ist. Tatsächlich verhält es sich jedoch nicht so, wie man mit Hilfe eines Beispiels zeigen kann[5]. Der Begriff der deduktiv-nomologischen Systematisierung ist verträglich sowohl mit dem Vorliegen von „Seinsgründen" wie mit dem bloßer „Vernunftgründe". Dies scheint erstmals wirklich gegen die Ähnlichkeitsthese zu sprechen.

Zunächst seien hier einige erläuternde Bemerkungen über die fragliche intuitive Unterscheidung eingefügt; und zwar versuchen wir, sie mit Hilfe eines einfachen Dialogspieles zu verdeutlichen. Das Spiel besteht aus zwei Spielern, X (dem Proponenten) und Y (dem Opponenten). Der erste Zug bestehe aus einer Behauptung des X. Y darf X herausfordern, um den Rationalitätsgrad der Behauptungen von X zu bestimmen. Die Herausforderung wird stets mit Hilfe der Ein-Wort-Frage „warum?" formuliert. X muß auf diese Herausforderung „passend" reagieren, d. h. eine rationale Antwort geben. Wir setzen voraus, daß ein geeigneter Standard zur Verfügung steht, mit dessen Hilfe wir herausfinden können, ob diese Gegenreaktion auf die Herausforderung des Opponenten annehmbar ist, d. h. ob sie eine passende oder korrekte Antwort darstellt. Jedesmal, wenn X eine korrekte Antwort liefert, gewinnt er das Spiel; andernfalls gewinnt Y. Nehmen wir nun weiter an, daß X sich entschließt, Voraussagen von der folgenden Art zu machen „z wird zum Zeitpunkt t stattfinden", wobei t später ist als der Zeitpunkt dieser letzten Äußerung. Die Warum-Frage des Opponenten kann in einem solchen Fall in doppelter Weise gedeutet werden: sie kann entweder bedeuten (1) „warum wird z zum Zeitpunkt t stattfinden?" oder (2) „warum *glaubst du*, daß z zum Zeitpunkt t stattfinden wird?". X kann bei Zugrundelegung *beider* Interpretationen eine befriedigende Antwort auf die Frage geben. In beiden Fällen würde daher die Voraussage des X als *rationale* Voraussage zu werten sein. Dabei sind alle rationalen Reaktionen auf die Herausforderung in der Interpretation (1) zugleich rationale Reaktionen auf die Herausforderung in der Interpretation (2), *aber nicht umgekehrt*. Dies kann man am besten dadurch einsehen, daß man die pragmatischen Zeitumstände so ändert, daß t *früher* ist als der Zeitpunkt der Äußerung von X (welche dadurch natürlich aufhört, eine

---

[5] Um Scheffler nicht unrecht zu tun, sollte hervorgehoben werden, daß er an einer Stelle (vgl. [9], S. 49, Beispiel (5) und die Bemerkungen darüber zu Beginn von S. 50) ein deduktiv-nomologisches Argument erwähnt, welches nur Gründe für die Annahme von etwas liefert, ohne eine Erklärung zu geben. Dieses Beispiel betrifft allerdings einen Fall von Retrodiktion, die wir in der gegenwärtigen Erörterung außer Betracht lassen.

Voraussage zu sein). Die Beantwortung von (1) bedeutet dann, die Frage zu beantworten, warum z zur Zeit t stattgefunden habe, während die Beantwortung von (2) bedeutet, eine Antwort auf die Frage zu geben: „warum glaubst du, daß z zur Zeit t stattgefunden hat?". Um diese Frage rational zu beantworten, genügt es, induktive Stützen für die Wahrheit einer *historischen Beschreibung* anzuführen.

Bisher haben wir nur Schefflers Standpunkt illustriert. Wenn man festsetzt, daß in bezug auf vergangene Ereignisse nur rationale Antworten in der Interpretation (1) Erklärungen genannt werden sollten, so hat man damit automatisch eine Entscheidung zugunsten der Gegenthese gefällt. Die These von der strukturellen Ähnlichkeit könnte aber noch immer in der Weise verteidigt werden, wie dies im vorigen Abschnitt gezeigt wurde.

Eine neue Schwierigkeit tritt jedoch auf, *wenn X ein deduktiv-nomologisches Argument vorbringt, welches alle anderen Erfordernisse von „rationale Erklärung" erfüllt (insbesondere also alle Adäquatheitsbedingungen), jedoch nur eine rationale Antwort auf die Warum-Frage in der Interpretation (2) liefert.* Es gibt eine Klasse besonders drastischer Beispiele von rationalen Reaktionen auf Fragen vom Typ (2), die nicht zugleich als adäquate Antworten auf Fragen vom Typ (1) angesehen werden. Es sind dies jene Fälle, in denen wir unsere Behauptungen durch Berufung auf gleichlautende Äußerungen zuverlässiger Experten rechtfertigen. Betrachten wir somit ein Beispiel von dieser Art. Angenommen, ich sage eine Sonnenfinsternis für einen künftigen Zeitpunkt t voraus. Auf die Frage, warum ich an dieses Ereignis glaube, gebe ich die Antwort: „n Fachastronomen haben mir das versichert" (n ist eine natürliche Zahl). Unter diesen Umständen würde man sicherlich meinen Glauben an das fragliche Ereignis einen rationalen Glauben nennen. Und wenn keine zusätzlichen Daten verfügbar sind, so ist das Argument ein induktives. Im Prinzip ist es aber selbst in einem solchen Fall möglich, das Argument zu einer deduktiv-nomologischen Voraussage zu verschärfen.

Wir führen zunächst das neue komplexe Prädikat „Person vom Typ C" ein, welches u. a. geistige Eigenschaften einschließt wie: große Vertrautheit mit angewandter Mathematik, umfassendes physikalisches Wissen, mehrjährige Erfahrung in astronomischer Praxis usw. und daneben moralische Merkmale wie: Ehrlichkeit, Zuverlässigkeit in fachlichen Fragen usw. Dann könnte es der Fall sein, daß das folgende *nichtstatistische Gesetz* in hohem Grade bestätigt und sogar wahr ist: „Wenn immer mindestens 10 Astronomen vom Typ C ein Ereignis im Universum (oder spezieller: in unserem Planetensystem) voraussagen, dann wird dieses Ereignis stattfinden" (3). Diese Aussage zusammen mit der Information „12 Astronomen vom Typ C sagten eine Sonnenfinsternis für den künftigen Zeitpunkt t voraus" (4) ermöglicht es mir, selbst diese Sonnenfinsternis vorauszusagen, und zwar durch *logische Ableitung* aus (3) und (4). Es handelt sich somit um eine Voraussage vom deduktiv-nomologischen Typ.

Angenommen nun, die pragmatischen Umstände werden dieselben wie im Fall einer Erklärung, während das Argument unverändert bleibt. Weiter setzen wir voraus, daß a früher ist als b. Die Zeit von a schließt dabei im gegenwärtigen Beispiel das Zeitintervall ein, innerhalb dessen die Voraussagen unserer 12 Astronomen gemacht worden sind. Nach Annahme geht also dieses ganze Zeitintervall der Zeit von b (der Sonnenfinsternis) voraus. Wenn wir die Ähnlichkeitsthese akzeptierten, so hätten wir dieses Argument als eine Erklärung vom deduktiv-nomologischen Typ zu klassifizieren. Wenn wir außerdem darin übereinstimmten, daß wenigstens die Erklärungen vom deduktiv-nomologischen Typ Fragen von der Art beantworten „warum hat x stattgefunden?", so würde uns dies im gegenwärtigen Fall zwingen, eine mythische Theorie über die magischen Fähigkeiten von Astronomen zu akzeptieren. Da die Tage der alten Babylonier endgültig vorbei sind, dürfte ein Zweifel an der Vernünftigkeit einer solchen Haltung angebracht sein [6].

Dieses Resultat ist aus dem folgenden Grunde störender als die analoge Situation im Fall des induktiven Argumentes: Ein nichtstatistisches induktives Argument kann und muß als etwas Unvollständiges betrachtet werden, das uns *wegen seiner Unvollständigkeit* nur Gründe für einen Glauben liefert, nicht jedoch Ursachen für ein Ereignis. Diese Unvollständigkeit ist sozusagen unsere Entschuldigung für die Tatsache, daß wir für den Augenblick nicht mehr tun können, als Gründe für eine bestimmte Annahme zu liefern. Wenn aber das Argument dadurch „vervollständigt" wird, daß man daraus eine korrekte Ableitung (im deduktiven Sinn) macht, so ist diese Ausflucht nicht mehr zulässig. Wir können dann die Situation nur mehr dadurch verbessern, daß wir das Argument, welches wir als unzulänglich empfinden, durch ein *anderes* Argument *ersetzen,* das uns befriedigt; aber wir können nicht das ursprüngliche Argument dadurch *verbessern,* daß wir neue Informationen zu erhalten trachten, die sich als zusätzliche Prämissen verwenden lassen. Es scheint daher, daß Argumente, die alle Erfordernisse für deduktiv-nomologische Erklärungen erfüllen (einschließlich der pragmatischen Umstände und der für Erklärungen charakteristischen ontologischen Zeitrelation), ausgenommen die Tatsache, daß sie bloße „Vernunftgründe", jedoch keine Ursachen liefern, daß also derartige Argumente eine endgültige und unübersteigbare Kluft zwischen Erklärung und Voraussage bilden. Die Ähnlichkeitsthese kann zwar noch immer aufrechterhalten werden, aber offenbar nur auf Kosten des Bedeutungskernes des Begriffs der Erklärung.

Dieses Ergebnis beruht auf zwei stillschweigenden Voraussetzungen: erstens darauf, daß es überhaupt deduktiv-nomologische Erklärungen gibt, und zweitens darauf, daß die Unterscheidung zwischen Gründen für eine Überzeugung („Vernunftgründen") und Ursachen von Ereignissen präzisiert werden kann. Wir lassen die Frage offen, ob man auf das letztere eine bejahende Antwort geben kann; doch setzen wir für den Augenblick voraus, daß dies der Fall ist und daß eine befriedigende Explikation der beiden verschiedenen Arten von „Gründen" gegeben wurde. Die vorangehenden Überlegungen würden dann ein vernünftiges Motiv dafür abgeben, eine neue Adäquatheitsforderung aufzustellen. Im Gegensatz zu den anderen Adäquatheitsbedingungen würde sie nicht für *alle* wissenschaftlichen Systematisierungen gelten, sondern nur für deduktiv-nomologische Systematisierungen vom erklärenden Typ (indem nämlich von diesen verlangt würde, daß sie Ursachen für das Ex-

---

[6] Dieses drastische Beispiel wurde gewählt, um den Punkt, auf den es ankommt, besonders deutlich hervorzuheben. Man könnte statt dessen beliebige Fälle zweier Arten von Gesetzmäßigkeiten anführen, welche die folgenden Bedingungen erfüllen: Das erste ist ein „Kausalgesetz" von der Gestalt „alle A sind B", das zweite ist ein „Indikatorgesetz", welches Symptome F anführt, die für das Vorkommen von A hinreichend sind. Zusammen ermöglichen die beiden Gesetze den *deduktiv-nomologischen Übergang* vom Vorkommen eines F zu dem eines B, ohne daß behauptet werden könnte, daß in diesem Argument Ursachen für das Vorkommen von B aufgezeigt worden sind. Für die praktische Verwendbarkeit braucht das Kausalgesetz nicht einmal bekannt zu sein; es genügt, daß ein striktes Gesetz vorliegt, welches generell den Übergang von Symptomen der Art F zu B ermöglicht. Von dieser Art ist z. B. das von A. Grünbaum in „Philosophical problems of space and time", New York 1963, S. 309 ff. diskutierte Barometerbeispiel.

planandumereignis zu liefern haben). Ein Effekt dieses Verfahrens würde der sein, daß es wissenschaftliche Systematisierungen gäbe — wir wollen sie *Quasi-Erklärungen* nennen —, die den deduktiv-nomologischen Erklärungen in allen Hinsichten gleichen, ausgenommen in bezug auf die Tatsache, daß sie keine Erklärungen von Ereignissen sind (da sie „erklärende Argumente" darstellen, welche deduktiv-nomologischen Voraussagen entsprechen, die Glaubensgründe, aber keine Ursachen angeben).

Anmerkung. Es besteht eine gewisse Ähnlichkeit zwischen unserem Astronomiebeispiel und dem von Hempel in [5], Ende von Abschnitt 4, gegebenen Beispiel, welches Hempel S. Bromberger zuschreibt. Es handelt sich dort darum, daß die Höhe eines auf ebener Erde stehenden Fahnenmastes von der fraglichen Ebene aus durch geeignete Abstands- und Winkelmessungen bestimmt wird; das Argument ist ein alle Adäquatheitsbedingungen erfüllendes deduktiv-nomologisches Argument; und trotzdem würden wir nicht sagen, daß darin die Höhe des Fahnenmastes erklärt werde. Dieses Beispiel sieht nicht künstlich aus, wie das bei Schlußfolgerungen der Fall ist, die auf dem Gesetz (3) beruhen. Jedenfalls würden wir in beiden Fällen zögern, von einer Erklärung zu sprechen. Hempel scheint zu vermuten, daß Fälle von dieser Art nur dann auftreten könnten, wenn das vorliegende Argument nicht kausaler Natur ist, d. h. wenn die beteiligten Gesetze keine Sukzessionsgesetze sind (vgl. den letzten Absatz in [5], Abschnitt 4). Auf das obige Beispiel würde dies jedoch nicht zutreffen, da (3) ein „Sukzessionsgesetz" ist. Die Ähnlichkeit zwischen diesen beiden Fällen könnte allerdings den Zweifel verstärken, ob eine befriedigende Explikation des Unterschiedes zwischen „Gründen für eine Überzeugung" und „Ursachen für Ereignisse" möglich sei. Im negativen Fall — d. h. wenn sich die Explikation als unmöglich erweisen sollte — müßten wir den Gedanken preisgeben, daß eine Erklärung eine Frage von der Art „warum hat x stattgefunden?" beantworten soll.

4. Ein Vorschlag für systematisches Vorgehen. Angesichts der Ergebnisse der Abschnitte 2 und 3 erscheint es als zweckmäßig, nicht mit den gebräuchlichen Ausdrücken „Erklärung", „Voraussage", „Retrodiktion" usw. zu beginnen. Vielmehr sollten wir ein systematisches Vorgehen wählen, indem wir uns ganz von diesen Ausdrücken befreien.

Ein mögliches Vorgehen wäre das folgende: Wir beginnen mit einem möglichst allgemeinen Begriff der wissenschaftlichen Systematisierung, wobei wir sowohl deduktiv-nomologische wie statistische und nichtstatistische induktive Systematisierungen einschließen. Dann versuchen wir, die verschiedenen Hinsichten anzugeben, in denen wissenschaftliche Systematisierungen voneinander abweichen können. Wir werden dazu eine Liste aufstellen, in der diese Hinsichten durch Zahlen unterschieden werden. Eine bestimmte Systematisierung wird dadurch erhalten, daß wir eine mögliche Kombination von Unterfällen aus dieser Liste herausgreifen. Wie sich zeigen wird, erhalten wir auf diese Weise viel mehr Möglichkeiten, als durch die gebräuchlichen Ausdrücke „Erklärung" usw. benannt werden könnten. Sobald wir die Liste beendet haben, könnten wir zu unseren gebräuchlichen Wörtern zurückkehren und fragen, welche spezielle Kombination *normalerweise* eine Erklärung oder Voraussage oder Retrodiktion genannt würde. Die Antwort auf diese letztere Frage wäre jedoch ohne jede systematische Bedeutung und würde nicht die Alternative ausschließen, mehr oder weniger Möglichkeiten durch dieselben Ausdrücke zu bezeichnen.

Um jedes Mißverständnis auszuschließen, seien zwei Punkte ausdrücklich hervorgehoben: Erstens wird vorausgesetzt, daß die Adäquatheitsbedingungen für wissenschaftliche Systematisierungen in allen betrachteten Fällen erfüllt sind, gleichgültig wie ihre genaue Formulierung aussehen mag. Wir werden daher nicht zwischen solchen Fällen unterscheiden, in denen das Kriterium der Gesetzesartigkeit erfüllt ist, und solchen, wo dies nicht der Fall ist. Denn Argumente der letzteren Art sind keine Einzelfälle wissenschaftlicher Systematisierungen, sofern sie vorgeben, Gesetze zu verwenden. Zweitens nehmen wir an, daß die von den meisten Autoren anerkannten Fälle existieren, obwohl dies von einigen Philosophen geleugnet wird, z. B. in bezug auf deduktiv-nomologische Systematisierungen. Wir beginnen nun mit der angekündigten Liste:

(I) In bezug auf die *Wahrheitswerteverteilung* können drei Fälle auftreten: (a) Sowohl die Konjunktion der Prämissen wie die Conclusio ist wahr; (b) die Konjunktion der Prämissen ist falsch, die Conclusio hingegen wahr; (c) sowohl die Konjunktion der Prämissen wie die Conclusio sind falsch. Alle Prämissen (singuläre wie gesetzesartige, falls letztere überhaupt vorkommen) sind dabei zusammengefaßt. Die singulären Prämissen können natürlich gesondert behandelt werden, wodurch wir in den Fällen (b) und (c) je drei Unterfälle erhalten würden. Eine solche verfeinerte Klassifikation könnte z. B. von Relevanz werden im Rahmen einer Untersuchung des Unterschiedes zwischen naturwissenschaftlicher und historischer Erklärung. Im Fall einer falschen naturwissenschaftlichen Erklärung sind es in der Regel die Gesetzesprämissen, welche teilweise falsch sind, während die Falschheit der singulären Prämissen in den meisten Fällen als eine Art von Sorglosigkeit seitens des erklärenden Wissenschaftlers betrachtet würde. Im Fall einer falschen historischen Erklärung würde die Situation oft umgekehrt gelagert sein. Wegen des hypothetischen Charakters aller Annahmen über die Vergangenheit wird eine falsche historische Erklärung vermutlich unrichtige singuläre Prämissen enthalten, während die benutzten Gesetze aus anderen Forschungsgebieten (oder aus der alltäglichen Erfahrung) genommen und wegen ihres rohen Charakters auch meist richtig sind.

(II) In bezug auf die Gesetze können wir abermals drei Fälle unterscheiden: (a) Es werden nur deterministische *Gesetze* benützt; (b) einige der benützten Gesetze sind statistischer Natur; (c) es werden überhaupt keine Gesetze benützt. Für spezielle Untersuchungen kann es von Interesse sein, innerhalb von (b) zwischen dem „gemischten" Fall zu unterscheiden, wo in den Prämissen des Argumentes sowohl deterministische wie statistische Gesetze benützt werden, und dem „reinen" Fall, wo alle Gesetze statistische Hypothesen darstellen. Der Fall (c) muß in Betracht gezogen werden, gleichgültig welche Einstellung in bezug auf die Ähnlichkeitsthese bezogen wird, da allgemeine Übereinstimmung in bezug auf die Tatsache besteht, daß induktive Argumente, die keine gesetzesartigen Prämissen verwenden, trotzdem für rationale Voraussagen verwendbar sind.

(III) In bezug auf *den logischen Charakter des Argumentes* gibt es zwei Möglichkeiten: (a) das Argument ist eine logische Deduktion; (b) das Argument ist induktiver Natur. Wären die statistischen Systematisierungen die einzigen induktiven

Argumente, die wir zu betrachten haben, dann wäre diese Unterscheidung extensional identisch mit dem Unterschied zwischen (II) (a) und (b).

(IV) Es müssen zwei verschiedene Zeitrelationen betrachtet werden. Zunächst unterscheiden wir verschiedene Unterfälle in bezug auf die zeitliche Relation zwischen dem Antecedensereignis a und dem Explanandumereignis b. Mangels einer besseren Bezeichnung sprechen wir hier von der *ontologischen Zeitrelation*. Es können vier verschiedene Möglichkeiten auftreten: (a) $a < b$; (b) $b < a$; (c) $a = b$; (d) $a_1 < b < a_2$. Hier bezeichnet „$<$" die Relation „früher als" und „$=$" die Relation „gleichzeitig mit". Der Fall (d) betrifft „zeitlich verstreute" Systematisierungen, deren Wichtigkeit von N. Rescher in [7] hervorgehoben worden ist. Systematisierungen vom Typ (a) sollen *Voraussageargumente* oder Argumente *von prognostischer Struktur* genannt werden und Systematisierungen vom Typ (b) *retrodiktive Argumente*. In den beiden anderen Fällen könnten wir von zeitunabhängigen und von zeitlich gemischten Argumenten sprechen. Alle rationalen Voraussagen sind Voraussageargumente; aber nicht alle Voraussageargumente liefern Voraussagen. So sind z. B. die meisten Systematisierungen, die gewöhnlich „Erklärungen" genannt werden, ebenfalls Voraussageargumente. Ausdrücklich möge darauf hingewiesen werden, daß diese vierfache Unterscheidung eine Lösung des Problems des Worüber (d. h. worüber ein Satz spricht) voraussetzt, auf welches Hempel aufmerksam gemacht hat (vgl. den Schluß von Abschnitt 6 in [5]).

(V) Unter der *pragmatischen Zeitrelation* verstehen wir die zeitliche Relation zwischen dem Zeitpunkt der Formulierung des Argumentes (als eines Ereignisses) und den beiden Vorkommnissen a und b. In bezug auf diese Relation können drei Hauptfälle auftreten (wir verwenden hier den Buchstaben „D" und weiter unten die Buchstaben „A", „B" und „T" in demselben Sinn wie in Abschnitt 2): (a) $a \leq b \leq D$; (b) $b < a < D$; (c) $a < D < b$. Der Fall „$a = D$" wurde in (b) und (c) ausgeschlossen, da er strenggenommen in keinem ernst zu nehmenden Fall von wissenschaftlicher Systematisierung gelten kann.

Die Wichtigkeit einer scharfen Unterscheidung zwischen den beiden Zeitrelationen wird klar, wenn wir Erklärungen und Voraussagen (in „formalem" Gebrauch dieser Ausdrücke) unterscheiden: Die ontologische Zeitrelation ist dieselbe, da beide Voraussageargumente sind; in bezug auf die pragmatische Zeitrelation unterscheiden sie sich jedoch: (a) gilt für Erklärungen, (c) für Voraussagen.

Der Einfachheit halber wurde hier die Analogie zu (IV) (d) weggelassen; sie würde einen zwischen (a) und (b) liegenden Fall ergeben.

(VI) Um zwischen den beiden Fällen der pragmatischen Zeitrelation zu unterscheiden, war es nicht notwendig, die innere Struktur von D in (V) zu analysieren. Wir stoßen auf einen anderen pragmatischen Aspekt wissenschaftlicher Systematisierungen, wenn wir danach fragen, welche Komponenten von D zunächst gegeben sind und welche nachträglich abgeleitet oder zur Verfügung gestellt werden. Hierfür wird es natürlich notwendig, die innere Struktur von D zu berücksichtigen. So wie in Abschnitt 2 nennen wir dies *die pragmatische Relation des Gegebenseins*. Zwei mögliche Fälle sind zu unterscheiden:

(a) A und T sind vorgegeben, B wird im nachhinein gewonnen;
(b) B ist vorgegeben, A und T werden im nachhinein zur Verfügung gestellt.

Der logisch mögliche, aber trotz seiner Nichttrivialität unwichtige Fall „A, B und T gegeben", der in der Einleitung erwähnt worden ist, wurde hier weggelassen.

Analog wie in (V) müssen auch hier die drei Komponenten als konkrete Äußerungen oder Inschriften genommen werden, damit man sie mit einem Zeitindex versehen kann. I. Scheffler bezeichnet Fälle vom Typ (a) mit „positing" und solche vom Typ (b) mit „substantiating", was etwa mit „Setzung" und „Erhärtung" übersetzt werden könnte.

Die Unterscheidung zwischen (a) und (b) ist ursprünglich von Hempel und Oppenheim dazu benützt worden, um innerhalb der Klasse wissenschaftlicher Systematisierungen Erklärungen und Voraussagen zu unterscheiden. Tatsächlich handelt es sich um eine wichtige Differenzierung, die einer inhaltlichen Unterscheidung entspricht, welche wir in der alltäglichen und wissenschaftlichen Diskussion vornehmen. Der etwas unerfreuliche Aspekt bei dieser Unterscheidung liegt in der Notwendigkeit, den Ausdruck „gegeben" verwenden zu müssen; denn dieser Ausdruck ist im gegenwärtigen Kontext zweifellos mehrdeutig [7]. Soll die Wendung „B ist der Person X zur Zeit t gegeben" bedeuten, daß X die Aussage B zur Zeit t äußerte oder daß X sie äußerte und B wahr ist oder daß die Person sie äußerte und an ihre Wahrheit glaubte oder daß außer diesen beiden letzten Bedingungen noch eine weitere erfüllt sein müßte, nämlich daß der Glaube von X an B „gerechtfertigt" war, wobei der pragmatische Sinn dieser Rechtfertigung noch zu präzisieren wäre? Oder soll die Wendung besagen, daß B von X zu t „gerechtfertigt behauptbar" war? Der folgende Hinweis möge deutlich machen, daß man sich eine Explikation dieses letzteren Begriffes nicht zu leicht vorstellen darf: X mache zu t eine irrationale Voraussage; die Voraussageäußerung möge sowohl wahr sein wie gerechtfertigt in dem Sinne, daß eine Rechtfertigung für sie dadurch *gegeben werden könnte,* daß man sie aus gesicherten Prämissen logisch oder durch akzeptierte induktive Argumente ableitete. Ungeachtet dessen ist die Voraussage des X nicht „gerechtfertigt behauptbar", da *er selbst* sie nicht mittels eines rationalen Argumentes, sondern aufgrund von mythischen Annahmen gewonnen hat. Schließlich könnte man noch an die Aufstellung der zusätzlichen Forderung denken, daß B in einem bestimmten Kontext geäußert werden muß, z. B. als Bestandteil einer Herausforderung von der Gestalt „warum B?". Ähnliche Schwierigkeiten treten auf, wenn wir nach der genauen Bedeutung einer Wendung wie „A wurde *später zur Verfügung gestellt*" fragen. Wenn wir dabei wieder an den Kontext denken, so hätten wir vermutlich die *Reaktion auf* die Herausforderung „warum B?" zu berücksichtigen. Weitere Mehrdeutigkeiten treten mit der Wendung „die Theorie (oder: das Gesetz) T wurde später zur Verfügung gestellt" zutage. Dies kann bedeuten, daß X die Liste der ihm bekannten Theorien bzw. Gesetze durchläuft, bis er das passende findet; oder es kann bedeuten, daß er sich an kompetente Experten wendet, die ihm die gewünschte Theorie unterbreiten; es kann sogar bedeuten, daß die Theorie erst später *entdeckt* wird [8].

Um nicht zu einer ungeheuren Vielfalt verschiedenartiger Begriffe zu gelangen, von denen sich die meisten wieder als mehr oder weniger vage und außerdem als unhandlich erweisen würden, folgen wir dem Vorschlag von P. Patel und reduzieren alle diese Möglichkeiten auf eine: Wir beschließen, nur die zeitliche Relation

---

[7] Die Schwierigkeiten, die mit dem Gebrauch des Ausdrucks „gegeben" verknüpft sind, wurden von P. Patel in [6], S. 7 ff. hervorgehoben. Wir folgen Patel in einigen der im Text gemachten Vorschläge.

[8] Für gewisse Zwecke mag es ratsam sein, zwischen solchen Voraussagen zu unterscheiden, die zum erstenmal gemacht wurden (da sie auf einer eben ersonnenen Theorie beruhen), und *Routine-Voraussagen,* die sich im Gegensatz zu den ersteren auf Prinzipien stützen, die in der Vergangenheit oft verwendet worden sind.

innerhalb der *D*-Äußerung als Kriterium zu verwenden. (VI) (b) z. B. ist nur in dem Sinn zu interpretieren, daß innerhalb der fraglichen *D*-Äußerung das Ereignis *B* den beiden Ereignissen *A* und *T* voranging.

(VII) Da es sich herausstellte, daß der Unterschied zwischen
    (a) Argumenten, die *Ursachen für ein Ereignis* geben, und
    (b) Argumenten, die *Gründe für eine Überzeugung* liefern,
unabhängig ist von der Frage, ob das Argument deduktiv oder induktiv ist (zumindest in dem Sinn, daß auch deduktiv-nomologische Argumente u. U. bloße Glaubensgründe liefern), müssen wir diese beiden Möglichkeiten getrennt anführen. Wir setzen dabei voraus, daß diese Unterscheidung aufrechterhalten werden kann.

Selbst wenn wir berücksichtigen, daß z. B. (II) und (III) zusammen nur vier mögliche Fälle liefern und daß verschiedene andere logisch mögliche Kombinationen auszuschließen sind, so erhalten wir trotzdem noch eine Anzahl von verschiedenen wissenschaftlichen Systematisierungen, welche die Zahl 100 weit übersteigt. Es dürfte daher zwecklos sein, nach speziellen Namen für alle diese Möglichkeiten zu suchen. Statt dessen beziehen wir uns auf sie durch Bezeichnungen wie „eine (Ia, IIa, IIIa, IVb, Vb, VIb, VIIb, VIIIb)-Systematisierung".

Wenn wir zu den gebräuchlichen Ausdrücken zurückkehren, so wird es sich in den meisten Fällen herausstellen, daß diese verschiedene Typen von Systematisierungen umfassen, sofern die letzteren in der eben angedeuteten Weise mit Hilfe unserer Liste beschrieben werden. Das gilt insbesondere für die Ausdrücke „Erklärung" und „Voraussage". Wenn wir beschließen, einen solchen Gebrauch dieser Wörter vorzunehmen, der sich soweit wie möglich an den „normalen" Gebrauch anschließt (so daß wir also alle problematischen Grenzfälle außer Betracht lassen), so würde der Ausdruck „Erklärung" vermutlich die folgenden 6 Möglichkeiten decken:

(Ia oder b); (IIa oder b); (IIIa oder b); (IVa oder c); (Va); (VIb); (VIIa),

während unter den Ausdruck „Voraussage" die folgenden 24 (oder 48?) Kombinationen subsumiert werden könnten:

(Ia oder b oder c); (IIa oder b oder c); (IIIa oder b); (IVa [oder c?]); (Vc); (VIa); (VIIa oder b).

Eine Erklärung kann daher (aber braucht natürlich nicht) von einer Voraussage in bis zu maximal 5 (oder sogar 6) Hinsichten abweichen: In einer „normalen Erklärung" muß der Explanandumsatz wahr sein; in einer Voraussage braucht er nicht wahr zu sein. In einem erklärenden Argument muß mindestens ein Gesetz verwendet werden; in einer Voraussage ist dies nicht notwendig. Die pragmatische Zeitrelation einer Erklärung ist vom Typ $b < D$; die pragmatische Zeitrelation einer Voraussage ist vom Typ $D < b$. Eine Erklärung ist stets ein Fall der Erhärtung, während eine Voraussage in einer Setzung besteht. Ein erklärendes Argument muß Ursachen für ein Ereignis liefern; für ein Voraussageargument ist es hinreichend, Gründe für eine Überzeugung zu liefern. Bezüglich einer möglichen sechsten Hinsicht für eine Abweichung von Erklärung und Voraussage vgl. die Bemerkung am Ende dieses Abschnittes. Zu den gemeinsamen Eigentümlichkeiten von Erklärungen und Voraussagen gehört immer die Tatsache, daß beide Voraussageargumente sind. Dies unterscheidet sie z. B. von Retrodiktionen. Wir stellen hier keine Liste für jene Systematisierungen auf, die man Retrodiktionen nennen könnte, sondern erwähnen nur nebenbei, daß auch dieser Ausdruck mehrdeutig ist; er schließt z. B. ebenso Fälle der Setzung ein wie Fälle der Erhärtung. Wir könnten sie Retrodiktionen der ersten und solche der zweiten Art nennen.

Anmerkung 4. 1. Wenn gewisse wissenschaftliche Systematisierungen, die die Merkmale (IV) (c) und (IV) (d) aufweisen, Erklärungen genannt würden, dann gäbe dies den Anlaß für eine weitere Differenzierung zwischen Erklärung und Voraussage. Diesmal wäre die nichtpragmatische Extension von „Erklärung" größer als die von „Voraussage". Es dürfte aber ratsam sein, Argumente mit der ontologischen Zeitstruktur (IV) (d) nicht „Erklärungen" zu nennen, da dieser Ausdruck gewöhnlich nicht dazu verwendet wird, partiell retrodiktive Argumente einzuschließen. Und hinsichtlich (IV) (c) wäre zu sagen, daß wir hier den Ausdruck „Voraussage" verwenden können, sofern es sich bei der Systematisierung um eine Setzung handelt (man beachte übrigens, daß diese pragmatische Relation des Gegebenseins in unserer Interpretation nur eine andere Art von pragmatischer Zeitrelation ist; es ist sogar eine „rein pragmatische" Zeitrelation).

5. Nicht-erklärende Information. Abgesehen von einzelnen kritischen Bemerkungen beruhten die vorangehenden Betrachtungen auf der Annahme, daß das allgemeine Schema der wissenschaftlichen Systematisierung im Prinzip korrekt ist. Diese Auffassung ist verschiedentlich stark kritisiert worden. Einzelne Autoren schlugen vor, daß eine andersartige Darstellung der wissenschaftlichen Systematisierung gegeben werden solle. Auch die folgenden Bemerkungen sind als eine mögliche Kritik am Begriff der wissenschaftlichen Systematisierung aufzufassen, aber als eine Kritik von anderer Art: Es soll hier nicht die *Korrektheit* des Schemas der wissenschaftlichen Systematisierung diskutiert werden, sondern die *Hinlänglichkeit* dieses Schemas; d. h. wir erörtern die Frage, ob dieses Schema alle Anwendungen von Gesetzen und Theorien auf konkrete Situationen umfaßt, in denen wir ein bestimmtes Maß an Erkenntnissen über diese Situationen gewinnen.

Um den springenden Punkt zu illustrieren, benutzen wir ein Beispiel aus N. Reschers Diskussion von DS-Systemen oder diskreten Zustandssystemen (vgl. [7], insbesondere S. 335 f.). Für jene Leser, die mit Reschers Arbeit nicht vertraut sind, sei hier eine kurze Charakterisierung von DS-Systemen eingeschoben. Es handelt sich dabei um physikalische Systeme, die sich zu jedem Zeitpunkt in genau einem Zustand aus einer vorgegebenen Liste möglicher Zustände: S_1, S_2, ... befinden. Ein solcher Zustand bleibt für ein bestimmtes (beliebig kleines oder beliebig großes) Zeitintervall unverändert, so daß der Zeitparameter als diskret gewählt werden kann. Die Aufeinanderfolge von Zuständen wird durch deterministische oder probabilistische Gesetze beherrscht. Ein deterministisches Gesetz besagt, daß auf einen Zustand von der Art S_i stets ein Zustand von der Art S_j folgt. Ein probabilistisches Gesetz besagt, daß auf einen Zustand von der Art S_i ein Zustand von der Art S_j mit der Wahrscheinlichkeit p_{ij} folgt. Das Verhalten eines solchen Systems kann vollständig mit Hilfe einer Matrix der Übergangswahrscheinlichkeiten beschrieben werden: Die Symbole S_i zu Beginn jeder Zeile bezeichnen dabei den Ausgangszustand, die Symbole S_j über jeder Spalte bezeichnen den Zustand, in bezug auf den der Übergang betrachtet wird. Die Zahlen geben die Übergangswahrscheinlichkeiten an. Wenn das Übergangsgesetz deterministisch ist, so steht in einer Zeile an einer Stelle eine Eins und sonst lauter Nullen. Im Fall eines probabilistischen Gesetzes finden sich dagegen in einer Zeile verschiedene Zahlen, deren Summe gleich 1 ist. Für den Beweis von (T6. 2) betrachtet Rescher ein DS-System, das aus drei verschiedenen Zuständen besteht und dessen Matrix die folgende ist.

	S_1	S_2	S_3
S_1	0	0,5	0,5
S_2	0	0,1	0,9
S_3	0,1	0	0,9

Selbst wenn uns die ganze Geschichte dieses Systems mit Ausnahme eines unbekannten Zustandes zur Zeit t gegeben ist, z. B.

... S_3S_1—S_3S_1 ... (wobei die Leerstelle den unbekannten Zustand zur Zeit t repräsentiert),

kann es, wie in diesem Beispiel, der Fall sein, daß wir nicht imstande sind, die Leerstelle auszufüllen, und zwar nicht einmal probabilistisch. Weder eine deduktive Erklärung noch das, was Rescher eine stark probabilistische oder eine schwach probabilistische Erklärung nennt, kann in einer solchen Situation gegeben werden (hierbei ist zu beachten, daß Rescher den Ausdruck „Erklärung" prinzipiell in demselben Sinn verwendet wie wir den Ausdruck „wissenschaftliche Systematisierung"). Rescher zieht daraus die Schlußfolgerung, daß das Vorkommen dieses Zustandes „außerhalb der wissenschaftlichen Rationalisierung" liege. Er erwähnt bei dieser Gelegenheit, daß Aristoteles als erster eine Einsicht in die Existenz solcher Sachverhalte (die sog. „Akzidentien") gehabt habe, deren Vorkommen außerhalb der Reichweite der wissenschaftlichen Erklärung liege. Er bemerkt dazu[9], daß dieser Umstand es nahelege, wissenschaftliches Verständnis nicht als die Fähigkeit zu interpretieren, bestimmte Phänomene vorauszusagen oder zu erklären. Vielmehr erscheine es als angemessener, „wissenschaftliches Verständnis" als ein Begreifen der allgemeinen Gesetze zu deuten, die die Struktur der Ereignisse beherrschen.

Es scheint, daß Rescher hier unsere Aufmerksamkeit auf einen wirklich wichtigen Punkt gerichtet hat, der von anderen Autoren übersehen worden ist. Trotzdem aber muß man sagen, daß die Darstellung, die er gibt, irreführend ist. Aus seiner Analyse gewinnt man den Eindruck, als ob wir im Fall einer vollständigen Kenntnis der ein System beherrschenden Gesetze stets vor einer doppelten Alternative stünden, nämlich: entweder wir können die uns bekannten Gesetzmäßigkeiten *mittels „erklärender" Argumente* auf alle Situationen anwenden, oder wir können sie nicht dazu benutzen, um gewisse Situationen oder Zustände zu *erklären;* in diesem letzteren Fall liegen die fraglichen Zustände außerhalb der Reichweite wissenschaftlicher Systematisierung und damit „außerhalb der Reichweite wissenschaftlicher Rationalisierung".

Nun ist es zwar richtig, daß der Begriff der wissenschaftlichen Erklärung oder wissenschaftlichen Systematisierung, wenn er in einer der üblichen Weisen konstruiert wird, nicht auf die in Reschers Beispiel beschriebene Situation angewendet werden kann. Daraus folgt aber nicht, daß wir keine wissenschaftliche Information über das gegebene DS-System zur Zeit t besitzen. Die Information, die wir tatsächlich über

---

[9] [7], S. 335.

diesen „möglichen Zustand" haben und die wir aufgrund der in der Matrix des Systems enthaltenen Gesetze gewinnen, ist die folgende:

(1) ein Zustand vom Typ S_1 kann zur Zeit t nicht realisiert sein;
(2) das System muß sich zur Zeit t in einer der beiden Zustandsarten S_2 oder S_3 befinden, wobei die Wahrscheinlichkeiten für die Realisierung dieser beiden Zustandsarten dieselben sind.

Da dieser Fall nicht unter eine der wissenschaftlichen Systematisierungen subsumiert werden kann, nennen wir diese Erkenntnisart *nichterklärende Information*. Unter einer wissenschaftlichen Systematisierung verstehen wir dabei ein Argument, welches unter geeigneten pragmatischen Umständen eine Erklärung, eine Retrodiktion oder eine Voraussage (von der deduktiven Art oder von einer der beiden probabilistischen Arten) darstellt, oder etwas genauer: ein Argument, das die Merkmale einer zulässigen Kombination von Unterfällen aus (I) bis (VII) von Abschnitt 4 darstellt. Es ist klar, daß ähnliche Arten von Informationen wie die eben erwähnte in allen anderen Arten diskreter Zustandssysteme gewonnen werden können, wenn probabilistische oder deduktive erklärende Argumente unmöglich werden. Wir müssen daher die folgende Alternative als unvollständig verwerfen: „Entweder können wir eine wissenschaftliche Erkenntnis konkreter Ereignisse (Phänomene, Situationen) gewinnen; dann muß diese Erkenntnis ein Fall von wissenschaftlicher Systematisierung sein; *oder* wir können nur die allgemeinen Gesetze erkennen, welche die Struktur von Ereignissen beherrschen, ohne daß wir fähig sind, diese Gesetze auf konkrete Ereignisse (Phänomene, Situationen) anzuwenden." Es gibt wichtige Anwendungen von Theorien und Gesetzen auf konkrete Ereignisse von verschiedenem Typ, die nicht unter den allgemeinen Begriff „wissenschaftliche Systematisierung" fallen. Derartige Ereignisse, über die wir eine nichterklärende Information zu erlangen vermögen, liegen nicht außerhalb der Reichweite der wissenschaftlichen Rationalisierung, obwohl sie außerhalb der Reichweite der wissenschaftlichen Systematisierung liegen.

Daß es sich bei der fraglichen Erkenntnis um ein *Einzelwissen* handelt, das auf spezielle Ereignisse bezogen ist, läßt sich auch dadurch zeigen, daß man den Einfluß dieses Wissens auf menschliche Handlungen betrachtet. Dieses Wissen kann für praktische Entscheidungen dieselbe Bedeutung haben wie wissenschaftliche Voraussagen: Wenn man weiß, daß gewisse Möglichkeiten ausgeschlossen sind und daß die verbleibenden Möglichkeiten gleichwahrscheinlich sind, so kann dies im Prinzip für das praktische Leben von derselben Wichtigkeit sein wie Voraussagen, die nur ein einziges künftiges Ereignis erwähnen. Daß die nichterklärende Information eine Art von *rationalem Wissen* darstellt, folgt einfach aus der Tatsache, daß wir dieses Wissen über ein spezielles Raum-Zeit-Gebiet erst dadurch erlangen können, daß wir zunächst die allgemeinen Prinzipien erfassen, die den Ablauf der Ereignisse beherrschen. Dies unterscheidet ein solches Wissen von allem irrationalen Pseudowissen um die Zukunft. Es kann also nichts dagegen eingewendet werden, dieses Wissen als eine Art von wissenschaftlicher Rationalisierung zu deuten.

Wenn dieser Gedanke der nichterklärenden Information akzeptiert wird, dann verschwindet der paradoxe Charakter in Reschers Feststellung, daß „wir trotz der Tatsache, daß wir für die betrachteten Systeme ein *vollständiges Wissen* über das Funktionieren dieser Systeme haben ..., weder Voraussagen noch Retrodiktionen vornehmen noch gewisse Vorgänge erklären können"[10]. Unsere Unfähigkeit zu erklären schließt nicht unsere Fähigkeit aus, die bestmögliche Information über diese Situation zu erhalten, die auf der Grundlage der vorherrschenden Gesetze gewonnen werden kann.

Man könnte sogar noch weiter gehen und sagen, daß der scheinbar paradoxe Eindruck nur durch die *philosophische* Theorie der Erklärung hervorgerufen wird. Ein Statistiker, der mit den philosophischen Versuchen, den Erklärungsbegriff zu präzisieren, nicht vertraut ist, wird vermutlich keinen wesentlichen Unterschied finden zwischen dem oben beschriebenen Fall unseres gegebenen DS-Systems und jenen Fällen, in denen das Zustandssymbol vor der Leerstelle von S_1 verschieden ist oder das Zustandssymbol hinter der Leerstelle von S_3 abweicht oder wo überhaupt nur das Symbol vor und hinter der Leerstelle gegeben ist. Der Grund dafür liegt darin, daß er in diesen letzteren Fällen die Situation in prinzipiell gleichartiger Weise behandeln wird wie in dem von uns früher betrachteten Fall: er wird eine Liste mit den „möglichen" und „unmöglichen" Zuständen aufstellen, und er wird für die möglichen Zustände die Übergangswahrscheinlichkeit eintragen. Und sicherlich wird es ihn im nachhinein nicht sonderlich aufregen, wenn er erfährt, daß einige seiner Schilderungen als deduktive oder als stark bzw. schwach probabilistische Erklärungen klassifiziert werden können, während dies bei anderen nicht der Fall ist. Er wird vielleicht in der Weise reagieren, daß er auf die künstliche Verengung hinweist, die der Begriff der wissenschaftlichen Erklärung (Systematisierung) an den verschiedenen möglichen Arten der Anwendung von Theorien und Gesetzen auf spezielle Situationen vornimmt.

Aus all diesen Gründen scheint es mir, ungeachtet meiner Hochachtung vor Aristoteles, daß vermutlich Reschers Verteidigung der aristotelischen Theorie der „Akzidentien" zurückgezogen werden muß, zumindest dann, wenn die aristotelische Auffassung so rekonstruiert wird, daß sie nicht bloß das Fehlen eines erklärenden Wissens, sondern das Fehlen jeder Art von informatorischem Wissen (trotz vollständiger Gesetzeskenntnis) beinhaltet. Wenn immer das Funktionieren eines Systems vollständig bekannt ist, dann kann die Theorie auch auf alle relevanten Situationen angewendet werden; einige dieser Anwendungen werden sich als erklärend erweisen, andere hingegen werden bloß nichterklärende Informationen liefern.

Als allgemeinsten Begriff, der alle Arten von Anwendungen wissenschaftlicher Theorien umschließt, benutzen wir den Begriff der *wissenschaftlichen Rationalisierung*, der aus der wissenschaftlichen Systematisierung und der nichterklärenden Information als Unterfällen besteht. Der Begriff der wissenschaftlichen Rationalisierung könnte im Prinzip eine Erweiterung des Gebrauchs von „Voraussage" über den Bereich der wissenschaftlichen Systematisierung hinaus motivieren. Darin äußert sich eine neue Mehrdeutigkeit im Ausdruck „Voraussage", die vorher nicht beachtet worden ist: Das Vorausgesagte braucht kein konkretes Ereignis zu sein; es kann sich dabei vielmehr um eine komplexe Situation handeln, die z. B. „unmögliche" Zustände und eine Gleichwahrscheinlichkeitsverteilung auf die restlichen Zustände einschließt. Wenn uns in Reschers Beispiel die Matrix sowie der Zustand S_1 zum gegenwärtigen Zeitpunkt t und sonst nichts gegeben ist, so können wir in diesem neuen Sinn von Voraussage prognostizieren, daß zur Zeit $t+1$ genau einer der beiden Zustände S_2 oder S_3 realisiert sein wird, und zwar mit gleich großer Wahrscheinlichkeit.

[10] [7], S. 335.

Wenn wir uns andererseits entschließen, den Gebrauch von „Erklärung" nicht über den Bereich der wissenschaftlichen Systematisierung hinaus zu erweitern, so erhalten wir abermals das Resultat, *daß „Voraussage" einen weiteren Anwendungsbereich besitzt als „Erklärung"*. Das würde aber diesmal nicht bedeuten, daß wir eine „strukturelle Divergenz" zwischen zwei Arten von wissenschaftlichen Systematisierungen erhalten haben. Vielmehr würde dadurch nur zum Ausdruck kommen, daß eine dieser beiden Bezeichnungen, die ursprünglich nur zur Charakterisierung gewisser Arten von wissenschaftlichen Systematisierungen dienen sollte, später außerdem dazu benützt worden ist, um Informationen zu charakterisieren, die aus dem Bereich der wissenschaftlichen Systematisierungen herausfallen, während keine analoge Erweiterung im Gebrauch von „Erklärung" möglich war.

Bei den Überlegungen dieses Abschnittes haben wir an die von Rescher gemachte Voraussetzung angeknüpft, daß die Explanandumsätze unserer Objektsprache stets Atomsätze von der Gestalt sind: „Der Zustand des DS-Systems zu der Zeit t ist gleich S_i." Die nichterklärende Information von der oben beschriebenen Art muß dann in der *Metasprache* ausgedrückt werden. Man könnte nun daran denken, die Ausdrucksfähigkeit der Objektsprache beträchtlich zu erhöhen, so daß insbesondere auch aussagenlogische Verknüpfungen zwischen Atomsätzen und einfachen probabilistischen Aussagen als *singuläre* Sätze zugelassen sind. In diesem Fall könnte unsere Information in der Objektsprache selbst formuliert und begründet werden. Die informative Äußerung wäre daher als Explanandumäußerung deutbar. Diese Überlegung zeigt, daß die Frage, ob die wissenschaftliche Rationalisierung über den Bereich der wissenschaftlichen Systematisierung hinausreicht oder nicht, von einer linguistischen Festsetzung abhängt: vom zugelassenen Ausdrucksreichtum der Objektsprache und dessen Verhältnis zum Ausdrucksreichtum der Metasprache.

Anmerkung 5.1. Reschers Begriff des diskreten Zustandssystems könnte dazu benützt werden, um den springenden Punkt im Beispiel (3) von Abschnitt 3 deutlich zu machen. Trotz des Hinweises auf analoge andere Beispiele, in denen die Antecedensbedingungen aus „bloßen Symptomen" bestehen, wird dieses Beispiel vermutlich unter allen vorangehenden Überlegungen am ehesten auf Kritik stoßen. Man wird z. B. entweder behaupten, daß ein Satz wie dieser keine gesetzesartige Aussage darstellt, oder daß er, falls er gesetzesartig sei, doch sicherlich falsch ist und daher nicht als empirische Hypothese akzeptiert werden kann. Derartige Kritiken würden den eigentlichen Punkt verfehlen. Das, worauf es ankommt, ist nur das folgende: Angenommen, S sei ein physikalisches System, dessen Zustandsfolgen von deterministischen Gesetzen beherrscht werden. Daneben gebe es ein zweites System, genannt „Informationszentrum $J(X)$" (dabei sei X eine Variable, zu deren Bereich u. a. auch Systeme vom Typ des Systems S gehören). Dieses zweite System mache Voraussagen über zukünftige Zustände von S, wenn es mit den Gesetzen und dem gegenwärtigen Zustand von S als Daten versorgt wird. Wir nennen das zweite System in diesem Fall $J(S)$. Wenn die Voraussagen genügend rasch erfolgen und wenn der zukünftige Zeitpunkt, über den vorausgesagt wird, von der Gegenwart hinreichend weit entfernt ist, dann ist die „Voraussageäußerung" ein Ereignis E_1, welches dem vorausgesagten Ereignis E_2 in solcher Weise vorangeht, daß E_2 dem E_1 mit deterministischer Notwendigkeit folgt. In dieser Situation kann eine Aussage, die E_2 beschreibt, aus einer analogen Aussage über E_1 mit Hilfe eines Argumentes gewonnen werden, das alle Erfordernisse für deduktiv-nomologische Systematisierungen erfüllt. Wir werden jedoch höchstens frühere Zustände des Systems S „Ursachen für das Ereignis E_2" nennen, nicht jedoch Zustände von J, wie etwa den Zustand E_1; denn das System J könnte ganz beseitigt werden, ohne daß davon die Prozesse in S berührt würden.

Ein Beispiel von dieser Art wäre ein „diskretes Informationssystem" J, welches einem deterministischem DS-System zugeordnet ist, das in der folgenden Weise funktioniert: J erhält als Datum die für S charakteristische Matrix und damit alle das System S beherrschenden Gesetze. An J befinden sich zwei Hebel. Wenn der erste eingeschaltet wird, dann „beobachtet" J den augenblicklichen Zustand $z(t)$ von S; und wenn gleichzeitig der zweite auf eine Zahl n eingestellt wird (wobei $n \leq N$ mit einer für J charakteristischen Zahl), so sagt J den Zustand $z(t+n)$ innerhalb eines Zeitraumes voraus, der z. B. $t + [n/10]$ nicht überschreiten möge. (Diese Voraussagen könnten z. B. in der Weise erfolgen, daß die Zahlindizes der vorausgesagten Zustände aufscheinen oder, wenn die Zahl der Zustände nicht zu groß ist, daß verschiedenfarbige Lämpchen aufleuchten, wobei verschiedene Zustände verschiedenen Farben zugeordnet sind usw.). Wir erhalten auf diese Weise ein deterministisches Gesetz, das ungefähr so beschrieben werden kann: „Wenn immer J zu einer Zeit t_0 für einen späteren Zeitpunkt t voraussagt, daß $z(t) = S_j$ in S, dann wird das DS-System S zur Zeit t den Zustand S_j aufweisen." Trotz dieses Gesetzes werden wir uns aber sicherlich weigern zu sagen, daß das Gesetz plus die zur Zeit t_0 durch J gemachte Voraussage die Frage beantwortet, warum das System S zur Zeit t den Zustand S_j aufweist, d. h. daß uns diese beiden Informationen zusammen Ursachen für das Ereignis liefern, welches in der Realisierung des Zustandes S_j zur Zeit t im System S besteht. Denn in diesem Fall müßten wir, ähnlich wie im Beispiel mit den Astronomen, behaupten, *daß sich S zur Zeit t im Zustand S_j befindet, weil vorausgesagt worden ist, daß dies der Fall sein werde.*

[1] Canfield, J. and K. Lehrer. „A note on prediction and deduction". *Philosophy of Science*, 28 (1961), 204—208.
[2] Grünbaum, A. „Temporally asymmetric principles, parity between explanation and prediction, and mechanism versus teleology". *Philosophy of Science*, 29 (1962), 146—170.
[3] Hempel, C. G. and P. Oppenheim. „Studies in the logic of explanation." *Philosophy of Science*, 15 (1948), 135—175.
[4] Hempel, C. G. „The theoretician's dilemma." In Herbert Feigl, Michael Scriven, and Grover Maxwell (eds.), *Minnesota Studies in the Philosophy of Science* (Minneapolis: University of Minnesota Press, 1958), II.
[5] Hempel, C. G. „Deductive-nomological versus statistical explanation." In Herbert Feigl and G. Maxwell (eds.), *Minnesota Studies in the Philosophy of Science*, III.
[6] Patel, P. Logische und methodologische Probleme der wissenschaftlichen Erklärung. Eine kritische Übersicht über die neueste Entwicklung in den USA. Dissertation, München 1964.
[7] Rescher, N. „Discrete state systems, Markov chains, and problems in the theory of scientific explanation and prediction". *Philosophy of Science*, 30 (1963), 325—345.
[8] Scheffler, I. „Explanation, prediction and abstraction". *The British Journal for the Philosophy of Science*, 7 (1957), 293—309.
[9] Scheffler, I. „The anatomy of inquiry". *Philosophical studies in the theory of science*". New York 1963.

Eine Axiomatisierung der Mengenlehre, beruhend auf den Systemen von Bernays und Quine

A. Einleitung

Diese einleitenden Betrachtungen enthalten einige historische Hinweise, um den Ort des im folgenden skizzierten Systems innerhalb der modernen mengentheoretischen Axiomatik zu charakterisieren. Auf die verschiedenen zitierten Versuche einer Grundlegung der Mengenlehre wird jedoch nicht im einzelnen eingegangen. Ein Verständnis der hier gegebenen historischen Anspielungen wird in den in Teil B beginnenden systematischen Ausführungen selbstverständlich nicht vorausgesetzt.

Die verschiedenen Axiomatisierungen der Mengenlehre sind aus dem Bestreben erwachsen, einen Aufbau dieser Theorie zu bewerkstelligen, der auf der einen Seite die klassischen Resultate unter möglichst geringfügigen Modifikationen liefert, auf der anderen Seite aber das Auftreten der bekannten Antinomien vermeidet. Von den zahlreichen Möglichkeiten eines axiomatischen Aufbaues der Mengenlehre stechen einige, die im Detail untersucht worden sind, besonders hervor.

Mit der in den PM entwickelten verzweigten Typentheorie hatten die Verfasser Whitehead-Russell ursprünglich u. a. auch die Tendenz verfolgt, eine streng prädikative Theorie aufzubauen, d. h. eine solche, in der imprädikative Methoden der Begriffsbildung vermieden werden. Diese Tendenz ließ sich nicht durchhalten, denn um die Beweise verschiedener fundamentaler Theoreme durchführen zu können, mußte das Reduzibilitätsaxiom zum System hinzugefügt werden, welches den prädikativen Charakter des Ganzen zerstörte. In der Folgezeit sind an dieser Theorie verschiedene Vereinfachungen vorgenommen worden. Durch die Kritiken von Chwistek und Ramsey wurde deutlich gemacht, daß die komplizierte Unterscheidung der Ausdrücke jenes Systems nach Ordnungen und Typen überflüssig ist. Das, worauf jene Kritiken hinauslaufen, könnte man kurz etwa so wiedergeben: Wenn schon eine imprädikative Theorie aufgebaut wird, ist die zweifache Gliederung der

Terme nach Typen und der Formeln nach Ordnungen vermeidbar und kann unter Verzicht auf die Ordnungsunterscheidungen der Formeln durch eine einfache Stufenunterscheidung der Terme ersetzt werden. So entstand die einfache Typentheorie. Vom metamathematischen Standpunkt aus stellt sich diese „Vereinfachung" allerdings etwas anders dar; denn während innerhalb der verzweigten Typentheorie das zu imprädikativen Begriffen führende Reduzibilitätsaxiom abgespalten werden kann und nach erfolgter Abspaltung eine in gewissem Sinne konstruktive Theorie übrigbleibt, ist die einfache Typentheorie von vornherein ein nichtkonstruktives System, aus dem kein konstruktiver Teil mehr herausisoliert werden kann. Da es jedoch bisher nicht möglich war, ein umfassendes mengentheoretisches System auf prädikativer Basis zu errichten, stellt der Übergang von der verzweigten zur einfachen Typentheorie vom Standpunkt der Mengenlehre tatsächlich eine Vereinfachung dar[1].

Eine andersartige Vereinfachung ergibt sich aus der Zurückführbarkeit der mehrstelligen Relationen und damit der Funktionen auf Klassen, welche durch die Wiener-Kuratowskische Definition des geordneten Paares ermöglicht wurde. Von diesem Verfahren wird auch in dem später geschilderten System Gebrauch gemacht.

Radikaler war die Modifikation, die Quine in seinem System NF an der einfachen Typentheorie vornahm. Sie beruhte auf der Feststellung, daß die Typenbestimmungen auf eine einzige mechanisch anwendbare Regel reduziert werden können. Die dieser Regel gehorchenden Formeln wurden als „geschichtete" Formeln ausgezeichnet. Dabei erwies es sich nicht nur als überflüssig, die Variablen des Systems mit Typenindizes zu versehen; vielmehr konnten auch liberalere Formbestimmungen gegenüber der Typentheorie eingeführt und solche Ausdrücke als Formeln zugelassen werden, die innerhalb der Typentheorie als sinnlos ausgeschieden werden müßten. Es genügte, in dem für die Definition neuer Klassen erforderlichen Komprehensionsaxiom nur geschichtete Formeln zuzulassen. Später stellte sich heraus, daß dieses System zu unerwünschten Konsequenzen führte. So ist es z. B. intuitiv unbefriedigend, daß es darin Klassen von Objekten gibt, die nicht äquivalent (im mengentheoretischen Sinn) sind mit jenen Klassen, die

---

[1] Auf der erwähnten Abspaltbarkeit des Reduzibilitätsaxioms beruht die gegenwärtige Bedeutung der verzweigten Typentheorie für die Metamathematik. Immerhin ist es hier wieder von besonderem Interesse, daß heute bereits Widerspruchsfreiheitsbeweise für imprädikative Systeme vorliegen, wenn auch nicht für solche, die ihrem Reichtum nach an eines der mengentheoretischen Systeme herankämen.

als Elemente statt der Objekte genau die Einerklassen dieser Objekte enthalten. Schwerer wiegt der Umstand, daß in diesem System das Auswahlaxiom widerlegbar ist, wie Specker zeigen konnte.

Zermelo war von vornherein einen völlig anderen Weg gegangen. Hatte es sich in den bisher genannten Versuchen stets darum gehandelt, das für die Antinomien verantwortlich gemachte Komprehensionsaxiom durch eine modifizierte Fassung zu ersetzen, so war Zermelo darum bemüht gewesen, auf das Komprehensionsaxiom ganz zu verzichten und es durch eine Reihe von spezielleren Axiomen zu ersetzen, die für den Aufbau der Theorie genügten, ohne zu den Widersprüchen der klassischen Lehre zu führen. Diese Zermoleschen Axiome können übrigens ausnahmslos als Einschränkungen oder als (evtl. mit Bedingungen versehene) Spezialisierungen des Komprehensionsaxioms aufgefaßt werden.

Zu dem in seiner ursprünglichen Fassung unvollständigen System Zermelos wurden später Ergänzungen, insbes. durch v. Neumann und Fraenkel, hinzugefügt. Ein Nachteil von Zermelos System ist vor allem der, daß es darin zahllose Aussageformen gibt, denen keine Mengen oder sonstigen abstrakten Objekte entsprechen. Diesen Mangel hat v. Neumann dadurch zu beheben versucht, daß er jeder Aussageform eine Klasse als korrespondierendes abstraktes Aggregat zuordnete, nämlich die Klasse der Elemente, welche die durch diese Aussageform ausgedrückte Bedingung erfüllen. Die damit wieder aufflackernde Gefahr des Auftretens von Antinomien wird durch Präzisierung des Gedankens behoben, daß jene gefährlichen, zu Antinomien führenden Klassen nicht gänzlich verboten werden müssen, sondern daß es genügt, ihnen die Elementschaftseigenschaft abzusprechen. Die eigentlich mathematischen Objekte bilden dagegen die Mengen, d. h. die als Elemente auftretenden Klassen. Diese letzteren entsprechen bei v. Neumann ebenso wie bei Gödel und Bernays im wesentlichen den Zermeloschen Mengen (Klassen). Die Systeme von Bernays, Gödel und v. Neumann nennen wir im folgenden „Systeme vom Zermelo-Typ".

Auf derselben Idee der Unterscheidung zwischen Mengen und Klassen beruht das System ML von Quine. Mengen werden darin als „Elemente" bezeichnet. Während die anderen von dieser Unterscheidung Gebrauch machenden Systeme Mengen und Klassen als zwei verschiedene Kategorien von abstrakten Objekten behandeln, sind bei Quine Mengen Spezialfälle von Klassen. Ein entscheidender Unterschied von ML gegenüber den drei erwähnten Systemen vom Zermelo-Typ besteht in der Formulierung der Elementschaftsbedingung. Wurde dort an die Zermelosche Axiomatik angeknüpft, so greift Quine auf seine schon in NF benützte vereinfachte Typenregel zurück, aber diesmal nicht zur Formulierung des Komprehensionsaxioms, sondern um die Elementschaftsbedingung für Klassen mittels eines einzigen Axiomenschemas zu formulieren. Die Elementschaftsbedingung wird zum Residuum der Typentheorie. Die erste Fassung von ML erwies sich als widerspruchsvoll, doch konnte Hao Wang zeigen, daß eine leicht formulierbare Verschärfung jenes Elementschaftsaxioms die Widersprüche anscheinend beseitigt. Vom Standpunkt der inhaltlichen Deutung ist die Stellung der Mengen im Quineschen System begrifflich kaum faßbar. Während Zermelos Idee die war, jene gefährlichen Mengen von enormer Größe wie die Allmenge, die Menge aller Ordinal- bzw. Kardinalzahlen oder die Russellsche Menge überhaupt nicht zuzulassen und v. Neumann (Bernays, Gödel) diese Gebilde zwar als Klassen zuließen, ihnen aber die Elementschaftseigenschaft, d. h. den Mengencharakter, absprachen, sind in ML gerade die „enormen" Klassen zugleich Mengen. Es ist nämlich in ML nicht nur beweisbar, daß sowohl die leere Klasse wie die Allklasse existiert, sondern daß beide darüber hinaus Mengen (Elemente) sind; insbesondere wird dadurch die Allklasse zu einem Selbstelement. Da sich dort weiter ergibt, daß jede Klasse, die durch Hinzufügung von endlich vielen Elementen zur leeren Klasse entsteht, eine Menge ist, ebenso aber auch jede Klasse, die durch Wegnahme von endlich vielen Elementen aus der Allklasse hervorgeht, so folgt daraus, daß die Nichtmengen (Nichtelemente) in einer rätselhaften, vom Alles wie vom Nichts beide Male durch einen Unendlichkeitsabgrund getrennten Sphäre hausen.

Es dürfte demgegenüber ein intuitiv befriedigenderes Vorgehen sein, den Klassen von enormem Ausmaß den Mengencharakter abzusprechen, wie dies in den an Zermelo anknüpfenden Theorien geschieht. Ein weiterer Vorteil dieser Art von Axiomatisierung soll sogleich noch erwähnt werden.

In seiner 2. Fassung der axiomatischen Mengenlehre von 1958 hat Bernays u. a. die mengentheoretischen Axiome (Zermelo-Axiome) zum Teil neu formuliert. Diese Neufassung hat nicht nur gewisse Vereinfachungen und eine Verringerung der Zahl der Axiome im Gefolge, sondern stellt auch einen speziellen Vorzug gegenüber den früheren Varianten der Zermeloschen Theorie dar. Die Axiome Zermelos lassen sich nämlich in zwei Gruppen zerlegen: Zur einen Gruppe gehören jene Axiome, die eine Antwort geben auf spezielle, scharf umreißbare Probleme und deren Einführung daher den Aufbau ebenso scharf umreißbarer Theorien ermöglicht. So z. B. hat das Unendlichkeitsaxiom die Aufgabe, die Existenz transfiniter Zahlen zu garantieren oder anders ausgedrückt: den Beweis dafür zu ermöglichen, daß die Klasse der Limeszahlen nicht leer ist. Das Auswahlaxiom ermöglicht den Beweis des Wohlordnungssatzes und das Potenzmengenaxiom eröffnet auf dem Weg über das Cantorsche Theorem den Zugang zur Cantorschen Hierarchie des Transfiniten. Die übrigen Axiome hingegen: z. B. das Paarmengen-, Vereinigungsmengen-, Aussonderungs- und Ersetzungsaxiom erfüllen keine solchen scharf definierbaren Funktionen. Sie dienen dazu, zum Teil recht heterogene Theoreme zu beweisen, und erscheinen dementsprechend als von kontingenterem Charakter. Dabei handelt es sich bei ihnen um die eigentlich grundlegenden Axiome, auf denen die allgemeine Mengenlehre fußt. Im Bernaysschen System werden die Axiome dieser 2. Gruppe überflüssig, und an ihre Stelle treten drei Prinzipien, in denen die drei entscheidenden Stadien der Ordinalzahltheorie festgehalten sind: das Ausgangsobjekt (die Null), die Nachfolgeroperation und die Limesoperation.

Ein entscheidender Unterschied zwischen „typentheoretischen" Systemen i. w. S. und den Mengenlehren vom Zermelo-Typ ergibt sich bei der Art der Einführung von Ordinalzahlen. In der erstgenannten Gruppe von Theorien wird der Ordinalzahlenbegriff analog zum Vorgehen in der naiven Theorie unter Benützung der Ordnungsbegriffe definiert, insbesondere unter Verwendung des schärfsten unter diesen Begriffen, des Wohlordnungsbegriffes. Zugleich wird dabei von einer Verallgemeinerung des Fregeschen Verfahrens Gebrauch gemacht, die Zahl n als die Klasse aller n Elemente enthaltenden Klassen einzuführen. Die Behandlung des Kardinalzahlbegriffes ist analog. In den Systemen vom Zermelo-Typ ist dieser Weg nicht gangbar, da der Mengencharakter jener Klassen, die bei dem eben genannten Verfahren als Ordinal- bzw. Kardinalzahlen dienen, nicht beweisbar ist. Der scheinbare Nachteil kehrt sich jedoch sofort in einen Vorteil um, da statt dessen die in typentheoretischen Systemen unverwendbare Ordinalzahldefinition von R. M. Robinson zugrunde gelegt werden kann, dergemäß die Ordinalzahlen in direkter Weise als Mengen bestimmter Art (nämlich als transitive, konnexe und fundierte Mengen) charakterisiert sind, ohne daß im Definiens irgendwelche Ordnungsbegriffe auftreten. Die technische Handhabung des Ordinalzahlbegriffes wird dadurch vereinfacht. Auch können dann die Kardinalzahlen als spezielle Arten von Ordinalzahlen definiert und die Kardinalzahlarithmetik auf die Ordinalzahlarithmetik zurückgeführt werden. Übrigens erweist sich bei diesem Vorgehen das Fraenkelsche Fundierungsaxiom als überflüssig, da die durch dieses Axiom zu beseitigenden Anomalien aus dem Ordnungszahlbegriff per definitionem ausgeschaltet werden.

Ein Nachteil dieser verschiedenen Varianten des Zermeloschen Systems gegenüber Quines ML besteht darin, daß von vornherein zwei Kategorien von Objekten: Klassen und Mengen, unterschieden werden: Klassenvariable sind syntaktisch unterschieden von Mengenvariablen. Der logische Apparat wird dementsprechend komplizierter: So muß z. B. eine eigene Gleichheitsrelation für Klassen und eine eigene für Mengen mit jeweils anderen Grundregeln eingeführt werden. An die Stelle von Aussagen, in denen der Mengencharakter bestimmter Klassen bewiesen wird, treten kompliziertere Theoreme, in denen gezeigt wird, daß gewisse Klassen durch extensionsgleiche Mengen „repräsentiert" werden können. Für verschiedene technische Details, z. B. im Zusammenhang mit der Verwendung von Kennzeichnungsoperatoren, wird diese ab-ovo-Unterscheidung von Klassen und Mengen umständlich und lästig.

Es ist daher naheliegend, den klassentheoretischen Rahmen des Quineschen Systems zu wählen, an die Stelle des Elementschaftsaxioms von ML hingegen die neueste Bernayssche Variante der Zermeloschen Axiomatik zu setzen. Das folgende System soll auf einer Verschmelzung dieser beiden Gedankenfäden beruhen. Gleichzeitig soll dabei das klassentheoretische Komprehensionsaxiom in der Quineschen Fassung vereinfacht werden zu einer bedingten Termregel für Klassenterme plus einem Abstraktionsschema, das mit dem in der naiven Theorie implizit verwendeten gleichwertig ist [2].

Daß das auf diese Weise entstehende System von der Quineschen Theorie abweicht, ist von vornherein zu erwarten, da ja die Mengen die eigentlichen mathematischen Objekte bilden und diese bei Quine in vollkommen anderer Weise eingeführt werden als bei Zermelo. Daß sich das System auch vom Bernaysschen nicht nur in verbaler Hinsicht unterscheidet, wird sich ebenfalls herausstellen: Während nämlich zu Beginn der zugrundeliegende Gegenstandsbereich als nur eine Kategorie von Objekten enthaltend vorausgesetzt ist, wird sich im Endeffekt eine dreifache kategoriale Untergliederung ergeben in Aussageformen, Klassen und Mengen, da nicht allen Aussageformen eine deren Extension erschöpfende Klasse zugeordnet ist und nicht alle Klassen Mengen sind.

---

[2] Eine Verbindung der Quineschen Klassentheorie mit Zermelos Axiomatik wurde m. W. erstmals von H. Hermes, 1956 und 1960, hergestellt (nur in Manuskriptform veröffentlicht). Das im folgenden entwickelte System unterscheidet sich von dem Hermesschen — abgesehen von dem z. T. weniger formalen Charakter des letzteren (z. B. bezüglich der Kennzeichnungs- und Funktionalabstraktion) — vor allem dadurch, daß erstens das Komprehensionsaxiom für Klassen in der eben erwähnten Weise ersetzt wird und zweitens statt der ursprünglichen Zermeloschen Axiomatik die mengentheoretischen Axiome von Bernays, 1958, zugrunde gelegt werden.

B. Skizze des axiomatischen Aufbaues der Mengenlehre

1. Der Idealkalkül

Für unsere Betrachtungen verwenden wir die logischen Symbole: $\neg$ (nicht), $\wedge$ (und) $\vee$ (oder im nichtausschließenden Sinn), $\rightarrow$ (wenn ... dann ---), $\leftrightarrow$ (dann und nur dann wenn), $\bigvee x$ (es gibt ein x), $\bigwedge x$ (für alle x); „$x\varepsilon y$" besage: „x ist ein Element von y". Verschiedene weitere Symbole werden an späterer Stelle eingeführt.

Die naive Mengenlehre ist dadurch charakterisiert, daß sie von der meist gar nicht explizit angeführten Voraussetzung ausgeht, jede beliebige in der Sprache formulierbare Bedingung definiere eine Klasse oder Menge[3]. Ferner wird die Festsetzung getroffen, daß zwei Klassen (Mengen) als identisch zu betrachten seien, sofern sie dieselben Elemente besitzen. Wenn man diese Voraussetzungen ausdrücklich angibt, so erhält man das unendliche Axiomenschema der Komprehension (mit $\Phi(x)$ als beliebiger Bedingung)[4]:

(1) $\bigvee y \bigwedge x (x\varepsilon y \leftrightarrow \Phi(x))$

sowie das Extensionalitätsaxiom:

(2) $\bigwedge z (z\varepsilon x \leftrightarrow z\varepsilon y) \rightarrow x = y$.

Diese beiden Prinzipien zusammen mit den Axiomen der Quantorenlogik bilden den sog. Idealkalkül[5]. Man braucht sich nicht zu überlegen, welche weiteren Axiome zu diesem Kalkül für einen Aufbau der gesamten Mengenlehre hinzuzufügen sind; denn der Idealkalkül ist widerspruchsvoll. Der rascheste Weg, um sich davon zu überzeugen, besteht in der Konstruktion der Antinomie von B. Russell. Man wähle dazu als definierende Bedingung in (1) die spezielle Aussageform: $\neg (x\varepsilon x)$. u sei die entsprechende Klasse, deren Existenz in (1) gefordert wird:

$\bigwedge x (x\varepsilon u \leftrightarrow \neg (x\varepsilon x))$

---

[3] Die Struktur dieser Sprache und damit auch dasjenige, was als sinnvolle Bedingung zulässig ist, wird dabei gewöhnlich nicht genau angegeben. Im folgenden axiomatischen Aufbau erfolgt eine präzise Bestimmung auf Grund der syntaktischen Formregeln.
[4] Die genauere Beschreibung von $\Phi(x)$ erfolgt an späterer Stelle.
[5] Nach Hermes-Scholz, 1952, S. 57ff.; vgl. auch Fraenkel - Bar-Hillel, S. 137f.

Daraus erhält man durch logische Allspezialisierung die kontradiktorische Aussage:

$u \varepsilon u \leftrightarrow \neg (u \varepsilon u)$

Die Forderung nach einem axiomatischen Aufbau der Mengenlehre muß somit verknüpft werden mit dem Verlangen, solche Axiome zu wählen, in denen die üblichen Rekonstruktionen der bekannten Antinomien wie die eben als Beispiel angeführte nicht möglich sind. Ein solches System soll im folgenden skizziert werden. Ob es tatsächlich widerspruchsfrei ist, muß vorläufig ebenso wie für die übrigen Axiomensysteme der Mengenlehre eine offene Frage bleiben.

2. Logischer und klassentheoretischer Rahmen

a) Syntaktische Bestimmungen. Kennzeichnungen

Bevor die Axiome formuliert werden können, müssen einige ergänzende formale Bestimmungen getroffen werden: Zusätzlich zu den obigen Symbolen verwenden wir die Klammersymbole „(" und „)" sowie einen einheitlichen Typus von Variablen: „x", „y", „z" ... (abzählbar viele). Griechische Buchstaben werden als metasprachliche Symbole (Mitteilungszeichen) benützt. Formeln von einfachster Struktur, sog. *Atomformeln*, sind ausschließlich Ausdrücke von der Gestalt $\alpha \varepsilon \beta$, wobei α und β Variable darstellen. Formeln sind alle und nur die Ausdrücke, welche aus Atomformeln durch endlich oftmalige Anwendung von Verknüpfungsoperationen oder Voranstellung von Quantoren (nach entsprechender Einklammerung) hervorgehen[6]. Ein Quantor $\bigwedge \alpha$ oder $\bigvee \alpha$ heiße *gleichnamig* mit einer Variablen, wenn diese Variable auch im Quantor selbst (nämlich als zweites Symbol α) vorkommt. Ein vorderer Klammerausdruck *entspricht* in einer Formel einem hinteren Klammerausdruck (und umgekehrt), wenn zwischen beiden eine gleiche Anzahl n ($n \leq 0$) von vorderen und hinteren Klammerausdrücken liegt. Der *Bereich eines Quantors* ist jener Formelteil, welcher mit dem unmittelbar hinter dem Quantor stehenden vorderen Klammerausdruck beginnt und

---

[6] Die exakte Definition des Formelbegriffs ist tatsächlich etwas komplizierter, als dies hier angedeutet wurde, da weiter unten auch noch Kennzeichnungs- und Abstraktionsterme eingeführt werden. Diese drei Begriffe sind daher auf dem Wege einer simultan-rekursiven Definition einzuführen; vgl. dazu den letzten Abschnitt.

mit dem diesem Klammerausdruck entsprechenden hinteren Klammerausdruck schließt. Eine Variable kommt an einer Stelle in einer Formel *gebunden* vor, wenn sie im Bereich eines gleichnamigen Quantors liegt oder selbst Bestandteil eines Quantors ist. Und zwar wird sie im ersten Fall durch den am nächsten links von ihr liegenden gleichnamigen Quantor gebunden, in dessen Bereich sie liegt, und im zweiten Fall durch jenen Quantor, dessen Bestandteil sie ist. Eine in einer Formel an einer bestimmten Stelle vorkommende Variable kommt an dieser Stelle *frei* vor, wenn sie an dieser Stelle nicht gebunden vorkommt. Ein und dieselbe Variable kann also an einer Stelle frei und an einer anderen Stelle dieser Formel gebunden vorkommen. Formeln, in denen an mindestens einer Stelle eine Variable frei vorkommt, heißen *Aussageformen*; Formeln ohne darin frei vorkommende Variablen heißen *Sätze*. Der Term σ ist *frei für* α in der Formel $\Phi(\alpha)$, wenn kein freies Vorkommen von α in $\Phi(\alpha)$ im Bereich eines Quantors steht, der gleichnamig ist mit einer freien Variablen, die in σ vorkommt. Eine Variable α heißt *neu* bezüglich einer Formel, wenn sie in Φ nicht vorkommt[7]. Durch $\Phi(x_1, \ldots, x_n)$ deuten wir an, daß in der Formel Φ höchstens die Variablen $x_1, \ldots, x_n$ frei vorkommen (Φ darf also keine weiteren freien Variablen enthalten, und die x_i brauchen darin nicht frei vorzukommen)[8].

Es wird vorausgesetzt, daß dem mengentheoretischen System ein formalisierter Kalkül der (klassischen) Quantorenlogik zugrunde liegt. Die genaue Gestalt des Kalküls ist für das folgende unwesentlich. Wir verzichten an dieser Stelle auf die explizite Formulierung seiner Regeln, da es sich hierbei um den vom Standpunkt der Mengenlehre aus trivialen Teil des Systems handelt. Da die gesamte klassische Logik verwendet wird, kann die Zahl der logischen Operatoren reduziert werden z. B. auf die folgenden drei: $\neg, \wedge, \bigwedge$.

Für die präzise Handhabung von Funktionen sind Kennzeichnungsterme erforderlich. Dazu wird das zusätzliche Symbol „ι_x" verwendet. Wenn $\Phi(x)$ eine Formel ist, in der x frei vorkommt, so kann daraus der Term $\iota_x \Phi(x)$ („dasjenige x, welches die Bedingung Φ erfüllt") gebildet werden. Für das Operieren mit Kennzeichnungen sollen die beiden folgenden Axiomenschemata von Bernays gelten[9]. Das im zweiten Schema vorkommende Symbol 0 ist jedoch im Gegensatz zum Bernaysschen

---

[7] Für die späteren Anwendungen würde es genügen, zu verlangen, daß α in Φ nicht frei vorkommt.
[8] Strenggenommen müßten auch diese Variablen stets syntaktisch beschrieben werden. Über diese metamathematische Pedanterie setzen wir uns in den folgenden Formulierungen hinweg.
[9] Bernays, 1958, S. 54.

System kein Grundsymbol, sondern ein Name für die weiter unten eingeführte Nullklasse (leere Klasse). Bezüglich des in diesen Axiomen vorkommenden Gleichheitssymbols vgl. den Abschnitt (b).

$\mathbf{K_1} \quad (\Phi(z) \land \bigwedge x\, (\Phi(x) \to z = x)) \to \iota_x \Phi x = z.$

$\mathbf{K_2} \quad \neg \bigvee x\, (\Phi(x) \land \bigwedge y\, (\Phi(y) \to x = y)) \to \iota_x \Phi(x) = 0.$

Soweit in den folgenden Teilen logische Deduktionen vorgenommen werden, wird aus Gründen der Einfachheit häufig vom inhaltlichen Schließen Gebrauch gemacht. Die Übersetzungen in formale Ableitungen eines Kalküls bieten keine prinzipiellen Schwierigkeiten.

b) Identität und Extensionalität

Das Symbol „$=$" kann als Grundsymbol eingeführt werden. Dann ist durch eigene Axiome zu garantieren, daß die für eine Gleichheitsrelation charakteristischen Merkmale (Reflexivität, Transitivität, Symmetrie) erfüllt sind. Da im vorliegenden System jedoch ausschließlich Relationen von der Art $\alpha\varepsilon\beta$ Grundrelationen darstellen, muß die Gleichheit durch Definition eingeführt werden. Die Art dieser Einführung ist keine reine Zweckmäßigkeitsfrage, sondern hängt z. T. davon ab, welche Ontologie dem Gegenstandsbereich der Variablen aufgeprägt werden soll[10].

In den PM sowie in anderen logischen Systemen wurde das Leibniz-Prinzip (principium identitatis indiscernibilium) zugrunde gelegt und $x = y$ definiert durch: $\bigwedge z(x\varepsilon z \leftrightarrow y\varepsilon z)$ (a). Diese Art der Einführung von „$=$" ist offenbar nur dann sinnvoll, wenn sämtliche Objekte des Gegenstandsbereiches Elemente von Klassen sein können. Da in dem hier aufzubauenden System jedoch auch Nichtelemente auftreten, kann die generelle Äquivalenz (a) höchstens eine notwendige, jedoch keine hinreichende Bedingung für die Gleichheit von Objekten bilden, da sie, als Definition genommen, zu einem ungewünschten *Prinzip der Nichtunterscheidbarkeit aller Nichtelemente* („Nichtmengen" im späteren Wortsinn) entarten würde: Klassen wie z. B. die Allklasse, die Klasse der Ordinalzahlen, die Klasse der Limeszahlen usw. wären voneinander ununterscheidbar.

Bisweilen wird der Weg eingeschlagen, $x = y$ zu definieren durch: $\bigwedge z(z\varepsilon x \leftrightarrow z\varepsilon y)$ (b). Diese Art der Einführung hat wieder die andere

---

[10] Für eine Diskussion verschiedener Möglichkeiten der Einführung eines Gleichheitssymbols vgl. Fraenkel - Bar-Hillel, S. 27 ff. Die dort nicht in Betracht gezogene Einführung der Gleichheit im vorliegenden System wurde von Hermes, 1956, benützt.

merkwürdige ontologische Konsequenz, daß der Gegenstandsbereich höchstens ein Individuum (eine Nichtklasse) enthalten kann. Wie Quine gezeigt hat[11], kann man dieser Konsequenz entgehen, aber nur auf Kosten der Einfachheit und intuitiven Klarheit, nämlich durch eine komplexere Deutung von „ε" und eine etwas künstliche „Assimilation von Nichtklassen zu Klassen", d. h. eine Interpretation von Individuen als Klassen, die sich selbst als einziges Element enthalten. Es ist naheliegend, diese Schwierigkeit dadurch zu überwinden, daß auch (b) nur als notwendige, nicht jedoch als hinreichende Bedingung für die Gleichheit von Objekten angesehen wird.

Um die Verträglichkeit mit der Theorie der Nichtelemente zu garantieren und außerdem der Ontologie keine unnötigen Einschränkungen aufzuerlegen, erweist es sich als zweckmäßig, die Konjunktion von (a) und (b) als Definition der Gleichheit zu benützen:

Df$_1$ $x = y =_{Df} \bigwedge z\ (z \varepsilon x \leftrightarrow z \varepsilon y) \wedge \bigwedge z\ (x \varepsilon z \leftrightarrow y \varepsilon z)$.

Die Adäquatheit dieser Definition ergibt sich aus den folgenden Feststellungen:

1) Sie ist intuitiv befriedigend, da kaum etwas dagegen einzuwenden ist, Klassen als identisch zu betrachten, welche einerseits dieselben Elemente besitzen und andererseits selbst Elemente derselben Klassen sind.

2) Die Gleichheitsmerkmale (Reflexivität usw.) sind per definitionem erfüllt.

3) Durch das erste Konjunktionsglied im Definiens wird die Unterscheidbarkeit von Klassen, die Nichtmengen sind, gewährleistet.

4) Durch das zweite Konjunktionsglied im Definiens wird die Unterscheidbarkeit der Nichtklassen (Individuen) garantiert, so daß weder die Zahl der Individuen auf 1 zusammenschrumpft noch zu einer künstlichen Deutung gegriffen werden muß, um eine Mehrheit von Individuen zu ermöglichen.

Die Gleichheit von Klassen mit denselben Elementen ist allerdings durch diese Definition noch nicht gewährleistet, sie muß ebenso wie im Idealkalkül eigens als Extensionalitätsaxiom gefordert werden.

A1 $\bigwedge z (z \varepsilon x \leftrightarrow z \varepsilon y) \rightarrow x = y$.

Dieses Axiom läuft darauf hinaus, daß vom ersten Konjunktionsglied im Definiens von Df$_1$ auf das zweite geschlossen werden darf. Df$_1$ und A1 zusammen erwecken den Anschein der Überbestimmtheit.

---

[11] ML S. 122 und S. 153.

Doch ist auf Grund der angestellten Überlegung klar, warum eine solche nicht vorliegt: Beschränkung des Definiens auf das zweite Konjunktionsglied ist aus erkenntnistheoretischen Gründen nicht zulässig (Existenz von nichtidentischen Nichtelementen); und Vermeidung von A1 durch Wahl des ersten Konjunktionsgliedes als Definiens ist nicht nur ebenfalls aus erkenntnistheoretischen Gründen unbefriedigend (Existenz unterscheidbarer Individuen), sondern sie würde auch nur scheinbar eine Verringerung der Zahl der Axiome nach sich ziehen; denn der Übergang von $u\varepsilon x$ und $u = v$ zu $v\varepsilon x$, von dem im System häufig Gebrauch gemacht werden muß, wird nur durch das zweite Konjunktionsglied in Df_1 gewährleistet.

Sofern man sich über das angeführte erkenntnistheoretische Bedenken hinwegsetzen will, kann man das erste Glied von Df_1 als Definition wählen und das Extensionalitätsaxiom durch ein Substitutionsaxiom von der Gestalt:

$$x = y \rightarrow \bigwedge z(x\varepsilon z \rightarrow y\varepsilon z)$$

ersetzen. Aber abgesehen von dem erwähnten Nachteil, erscheint dieses Vorgehen als weniger natürlich und würde auch eine stärkere Abweichung als unbedingt notwendig vom Idealkalkül bewirken, den wir als approximative Präzisierung der den Untersuchungen zur naiven Mengenlehre zugrunde liegenden Voraussetzung zum Ausgangspunkt für unsere Betrachtungen wählten.

Der Wahl von A1 im Anschluß an die obige Gleichheitsdefinition könnte schließlich noch entgegengehalten werden, daß dadurch die Unterscheidbarkeit der Nichtklassen nachträglich wieder aufgehoben wird. Diesem Einwand kann man durch die Festsetzung begegnen, das Extensionalitätsaxiom ausschließlich auf Klassen anzuwenden, wie das in der Mengenlehre ja auch stets der Fall ist.

Offenbar würden sich die im Zusammenhang mit der Definition der Identität anzustellenden erkenntnistheoretischen Betrachtungen vereinfachen, wenn man von vornherein beschließt, Individuen (= Nichtklassen) außer Betracht zu lassen und den Wertbereich der Variablen als ausschließlich aus Klassen bestehend zu denken.

c) Das Abstraktionsschema

Es sei $\Phi(x, y_1, \ldots, y_n)$ eine Aussageform, welche die Variable x frei enthält und in der darüber hinaus höchstens die Variablen $y_1, \ldots y_n$ frei vorkommen; y sei eine bezüglich Φ neue Variable.

Wir definieren:

Df$_2$ $\Phi(x, y_1, \ldots, y_n)$ heißt *naiv komprimierbar*, wenn gilt:

$$\bigvee y \bigwedge x (x \varepsilon y \leftrightarrow \Phi(x, y_1, \ldots, y_n))\,^{12}$$

Die Russellsche Antinomie, die in der naiven Mengenlehre (bzw. im Idealkalkül) eine Widerlegung des Komprehensionsaxioms bildet[13], dient uns jetzt zur Gewinnung der Feststellung, daß nicht jede Aussageform naiv komprimierbar ist. Das in Df$_2$ eingeführte (metatheoretische) Prädikat ist daher keine überflüssige Bestimmung, die durch jede Aussageform automatisch erfüllt wird. An späterer Stelle wird sich ergeben, daß nicht nur „verrückten" Aussageformen wie „$\neg (x \varepsilon x)$", sondern auch sinnvolleren und wichtigen die naive Komprimierbarkeit nicht zukommt.

Um Klassen einzuführen, muß man wissen, welche Aussageformen als komprimierbar angesehen werden dürfen. Das eben gewonnene negative Resultat gibt dafür keinen Hinweis. Da die Funktion des Komprehensionsaxioms darin besteht, Klassenterme mit der Bedeutung „die Klasse aller x, so daß $\Phi(x)$" einzuführen, kann man entweder der Aussageform $\Phi(x)$ einschränkende Bedingungen auferlegen, wie dies in der Typentheorie geschieht, oder nach dem Vorschlag v. Neumanns[14] das vor dem „so daß" Stehende einer zusätzlichen Einschränkung unterwerfen durch die Einfügung „die Klasse aller *als Elemente von Klassen auftretenden x, so daß* ...". Schlägt man diesen zweiten Weg ein, so gelangt man zu der Quineschen Fassung des Komprehensionsaxioms. Dazu nennen wir eine Klasse x, die selbst Element ist, eine *Menge*, abgekürzt Mg x:

Df$_3$ $\text{Mg } x =_{\text{Df}} \bigvee y (x \varepsilon y)$

---

[12] Den Ausdruck „komprimierbar" (unter Voranstellung des einer naheliegenden Anspielung dienenden Prädikats „naiv") sowie den späteren Ausdruck „klassifizierbar" übernehmen wir von Hermes, 1956.

[13] Strenggenommen zeigt die Russellsche Konstruktion nicht die Falschheit des naiven Komprehensionsaxioms, sondern nur die Inkonsistenz des ganzen Systems. Doch ist es das natürlichste Vorgehen, diese „Antinomie" als Widerlegung jenes Axioms zu interpretieren. Prinzipiell besteht jedoch die Möglichkeit, andere logische Operationen für den Widerspruch verantwortlich zu machen. Für eine kurze Diskussion dieser verschiedenen anderen Möglichkeiten vgl. B. Rosser, 1953, S. 201ff.

[14] v. Neumann, 1925.

Das Axiomenschema von Quine, welches an die Stelle des Komprehensionsaxioms zu treten hat, lautet jetzt:

(3) $\bigvee y \bigwedge x(x\varepsilon y \leftrightarrow \mathrm{Mg}\, x \wedge \Phi(x, z, \ldots, z_n))$,

wobei x frei in Φ vorkomme und y neu bezüglich Φ sei[15].

Die Gewinnung des Axiomenschemas (3) wird durch folgende Betrachtungen motiviert. Wir nennen eine Aussageform $\Phi(x)$ *klassifizierbar* (abgekürzt: $\mathrm{Klf}(\Phi(x))$), wenn aus $\Phi(x)$ die Aussage $\mathrm{Mg}\, x$ abgeleitet werden kann:

Df$_4$ $\mathrm{Klf}(\Phi(x)) =_{\mathrm{Df}} \bigwedge x(\Phi(x) \to \mathrm{Mg}\, x)$[16].

Es gilt nun offenbar der Satz, daß eine naiv komprimierbare Aussageform klassifizierbar ist, d. h.:

(4) $\bigvee y \bigwedge x\, (x\varepsilon y \leftrightarrow \Phi(x)) \to \bigwedge x(\Phi(x) \to \mathrm{Mg}\, x)$ (dabei sei y neu bezüglich Φ)[17].

Zum Beweis hat man nur zu beachten, daß aus dem Antecedens von (4) durch elementare logische Umformung die folgende Formel gewonnen werden kann: $\bigwedge x(\Phi(x) \to \bigvee y(x\varepsilon y))$. Es ist nun naheliegend, zu fordern, daß auch die Umkehrung von (4) gültig sein soll:

(5) $\bigwedge x(\Phi(x) \to \mathrm{Mg}\, x) \to \bigvee y \bigwedge x(x\varepsilon y \leftrightarrow \Phi(x))$.

Man erkennt leicht, daß (5) mit dem Quine-Axiom (3) äquivalent ist. Um von (5) zu (3) zu gelangen, hat man bloß $\Phi(x)$ durch $\Phi(x) \wedge \mathrm{Mg}\, x$ zu ersetzen, wodurch (5) ein logisch gültiges und damit abspaltbares Vorderglied erhält, während das Hinterglied gerade (3) ist. Um von (3) zu (5) zu gelangen, ergänze man (3) zu: $\bigwedge x(\Phi(x) \to \mathrm{Mg}\, x) \to$ (3) durch Hinzufügung eines neuen Implikationsvordergliedes gemäß der aussagenlogisch gültigen Formel: $A \to (B \to A)$ und lasse dann im Hinterglied die Bedingung $\mathrm{Mg}\, x$ fort (Anwendung der Regel: $(A \to B) \to ((C \leftrightarrow B \wedge A) \to (C \leftrightarrow A))$ sowie triviale aussagenlogische und quantorenlogische Umformungen). Akzeptiert man (5), so sind wegen der Gültigkeit von (4) die beiden Eigenschaften von Aussage-

---

[15] Die Forderung, daß x in Φ frei vorkommt, ist nicht unbedingt notwendig, da durch einen Satz mittels (3) die Allklasse oder Nullklasse eingeführt wird, je nachdem, ob Φ wahr oder falsch ist.

[16] Zusätzliche in Φ vorkommende freie Parameter erwähnen wir im folgenden der Einfachheit halber nicht mehr ausdrücklich. Es sind jedoch solche stets zugelassen.

[17] Diese Variablenbedingung für y wird in den folgenden Sätzen nicht mehr ausdrücklich angeführt.

formen, klassifizierbar und naiv komprimierbar zu sein, logisch gleichwertig.

Schema (5), wonach jede klassifizierbare Aussageform auch naiv komprimierbar ist, erweist sich als besonders handlich zur Einführung spezieller Klassen. Zunächst kann auf Grund des Extensionalitätsaxioms A1 die Behauptung von (5) noch verschärft werden. Dazu führen wir zwecks Abkürzung den Eindeutigkeitsquantor $\bigvee !x$ („es gibt genau ein x") ein, demgemäß $\bigvee !x\, \Phi(x)$ dasselbe besagen soll wie:
$\bigvee x(\Phi(x) \wedge \bigwedge y(\Phi(y) \rightarrow y = x))$. Die durch A1 gewonnene Verschärfung von (5) lautet dann:

(5′) $\quad \bigwedge x(\Phi(x) \rightarrow \mathrm{Mg}\, x) \rightarrow \bigvee !y \bigwedge x(x\varepsilon y \leftrightarrow \Phi(x))$.

Hat man sich von der Klassifizierbarkeit einer Aussageform $\Phi(x)$ überzeugt, so weiß man auf Grund von (5′) nicht nur, daß diese Aussageform überhaupt komprimierbar ist, sondern darüber hinaus, daß es *genau eine* Klasse gibt, der all jene Objekte x als Elemente angehören, welche die Bedingung $\Phi(x)$ erfüllen. Es ist daher zulässig, von der Klasse aller x, so daß $\Phi(x)$ (symbolisch: $\hat{x}\Phi(x)$) zu sprechen (und evtl. einen abkürzenden Namen k für diesen Klassenterm $\hat{x}\,\Phi(x)$ einzuführen) und zu der Abstraktionsbehauptung überzugehen:

(6) $\quad y\varepsilon\hat{x}\Phi(x) \leftrightarrow \Phi(y)$ (bzw. $y\varepsilon k \leftrightarrow \Phi(y)$).

Analoge Betrachtungen lassen sich im Anschluß an die entsprechende Verschärfung von (3) anstellen.

Mit dieser zuletzt angestellten Überlegung aber wurde der formale Rahmen der Untersuchungen verlassen; denn es wurde ja auf Grund einer inhaltlichen Überlegung gezeigt, in welchem Sinn die mit dem Quine-Axiom äquivalente Fassung (5) nach der durch das Extensionalitätsaxiom ermöglichten Verschärfung zur Aussage (5′) in gewissen Fällen die Einführung von Klassenabstraktionen und den Übergang zur Behauptung (6) rechtfertigt. Vom formalen Standpunkt aus betrachtet, ist dieses Vorgehen ein überflüssiger Umweg. Denn da die *einzige* Aufgabe des modifizierten Komprehensionsaxioms (5) darin bestand, für klassifizierbare Aussageformen die Einführung der Klassenabstraktion und den Übergang zum Abstraktionsschema (6) zu ermöglichen, kann man auf dieses Axiom gänzlich verzichten und statt dessen direkt eine Regel zur Bildung neuer Terme:

TR Wenn $\mathrm{Klf}(\Phi(x))$ beweisbar ist, dann ist $\hat{x}\Phi(x)$ ein zulässiger Term, sowie das Abstraktionsschema (Church-Schema[18]):

A2 $\bigwedge y(y\varepsilon\hat{x}\,\Phi(x) \leftrightarrow \Phi(y))$ (wobei y nicht frei in Φ vorkommt und $\Phi(y)$ aus $\Phi(x)$ dadurch hervorgeht, daß die freien Vorkommnisse von x in $\Phi(x)$ durch y ersetzt werden)

einführen. Es möge aber ausdrücklich darauf hingewiesen werden, daß A2 nicht dieselbe Bedeutung hat wie das Church-Schema im System von Bernays, da dort für *jede* Aussageform A2 gilt, während in der vorliegenden Axiomatisierung nur für nachweislich *klassifizierbare* Aussageformen $\Phi(x)$ der Ausdruck $\hat{x}\Phi(x)$ syntaktisch zulässig ist und in A2 eingeführt werden kann. Tatsächlich läuft die Termregel und das Schema A2 auf die Annahme des *bedingten Church-Schemas* hinaus:

(7) $\bigwedge x(\Phi(x) \to \text{Mg}\,x) \to \bigwedge y(y\varepsilon\hat{x}\Phi(x) \leftrightarrow \Phi(y)).$

Wir verbleiben jedoch dabei, TR und A2 zu akzeptieren. Gegen die Benützung einer bedingten Termregel, dergemäß ein Term erst dann als zulässig erkennbar ist, wenn zuvor eine bestimmte Formel abgeleitet wurde, ist prinzipiell nichts einzuwenden. Ein zu diesem Vorgehen bekanntes Analogon bildet in gewissen logischen Systemen die Art der Einführung von Kennzeichnungstermen, die dort erst dann für zulässig erklärt werden, nachdem zuvor die sog. Unitätsformeln abgeleitet wurden[19].

Es möge noch beachtet werden, daß für *jede* Aussageform $\Phi(x)$ wegen der logischen Gültigkeit von $\bigwedge x(\Phi(x) \wedge \text{Mg}\,x \to \text{Mg}\,x)$ der Ausdruck $\hat{x}(\text{Mg}\,x \wedge \Phi(x))$ ein zulässiger Term ist, der in A2 eingeführt werden darf. Selbstverständlich aber führt dies nicht zu der Aussage:

(8) $\bigwedge y(y\varepsilon\hat{x}(\text{Mg}\,x \wedge \Phi(x)) \leftrightarrow \Phi(y)),$

sondern zu:

(9) $\bigwedge y(y\varepsilon\hat{x}(\text{Mg}\,x \wedge \Phi(x)) \leftrightarrow \text{Mg}\,y \wedge \Phi(y)),$

welches das Korrelat zur ursprünglichen Fassung (3) des Quine-Axioms darstellt. Wegen dieser Tatsache könnte auch die folgende Alternative zum obigen Vorgehen gewählt werden: Es wird im Gegensatz zu TR eine *unbeschränkte* Termbildungsregel angenommen, nach der für jede Aussageform $\Phi(x)$ der Term $\hat{x}\Phi(x)$ zulässig ist. Dieser letztere soll aber nicht die Bedeutung haben: „die Klasse aller x, so daß $\Phi(x)$",

---

[18] Den Ausdruck Church-Schema gebraucht Bernays 1958, S. 48, da es sich um ein Konversionsprinzip im Sinn von Church, 1932, handelt.
[19] So z. B. in Hilbert - Bernays, 1934, S 383 ff.

sondern: „die Klasse aller *Mengen* x, so daß $\Phi(x)$". A2 wäre dann durch das Axiomenschema zu ersetzen:

A2* $\quad \wedge y(y\varepsilon \hat{x}\, \Phi(x) \leftrightarrow \mathrm{Mg}\, y \wedge \Phi(y))$. Für $\mathrm{Klf}(\Phi(x))$ würde dies auf A2 zurückführen. Diese Feststellung enthält nichts anderes als die frühere Äquivalenzbehauptung von (3) und (5) in der Sprache der Abstraktionsterme.

Während das Komprehensionsaxiom mit der Annahme von TR und A2 überflüssig wird, muß das Extensionalitätsaxiom A1 beibehalten werden; denn dieses hat nicht *nur* die Funktion, die Verschärfung von (5) zu (5′) zu ermöglichen.

Dieselbe Überlegung, welche im Anschluß an Df_2 zu dem Ergebnis führte, daß nicht jede beliebige Aussageform naiv komprimierbar ist, kann jetzt dazu verwendet werden, zu zeigen, daß nicht jede Klasse eine Menge ist. Angenommen, es gälte: $\mathrm{Klf}(\neg (x\varepsilon x))$. Dann erhielten wir mittels A2:

$$\wedge y(y\varepsilon \hat{x}\, \neg (x\varepsilon x) \leftrightarrow \neg (y\varepsilon y)),$$

und somit durch Allspezialisierung die kontradiktorische Behauptung:

$$(\hat{x}\, \neg (x\varepsilon x) \varepsilon \hat{x}\, \neg x\varepsilon x) \leftrightarrow \neg (\hat{x}\, \neg (x\varepsilon x)\varepsilon\hat{x}\, \neg (x\varepsilon x)).$$

Also kann wegen TR nicht gelten: $\mathrm{Klf}(\neg (x\varepsilon x))$. Wegen Df_4 bedeutet dies aber:

(10) $\quad \neg \wedge x(\neg (x\varepsilon x) \to \mathrm{Mg}\, x),$

oder:

$$\vee x(\neg (x\varepsilon x) \wedge \neg \mathrm{Mg}\, x),$$

woraus folgt:

(11) $\quad \vee x \, \neg \mathrm{Mg}\, x.$

Wir haben hier abermals auf die Russellsche „Antinomie" zurückgegriffen (nämlich zum 3. Mal!) und versucht, sie innerhalb des durch TR und A2 gebildeten klassentheoretischen Rahmens zu rekonstruieren. An Stelle des Widerspruchs erhalten wir jedoch die Aussage (11), wonach es Objekte gibt, die keine Mengen sind. Die drei Kategorien: Menge, Klasse, Aussageform fallen also auseinander, und zwar stellen sie in dieser Reihenfolge Begriffe von zunehmender Reichweite dar.

Dasselbe Resultat (11) hätten wir auch auf der Grundlage von (5) bzw. (3) gewinnen können. So hätte z. B. die Anwendung des Russellschen Verfahrens zur Negation des Hintergliedes von (5) und damit zu (10) geführt, aus dem (11) abgeleitet wurde. Wenn für ein x gilt: $\neg \mathrm{Mg}\, x$, so wollen wir es eine *Nichtmenge* nennen. Das Resultat (11) könnte zunächst die Vermutung nahelegen, daß auf diese Weise in dem axiomatischen Rahmen nur die Existenz von *Individuen, die weder Mengen noch Klassen sind,* erschlossen werden könne. Dies wäre jedoch ein Irrtum. Es wird sich von konkreten *Klassen,* die mittels klassifizierbarer Aussageformen eingeführt wurden, zeigen lassen, daß sie Nichtmengen sind.

Im Grunde haben wir bei der Ableitung von (11) bereits eine solche Nichtmenge gefunden. Die Angabe dieser Nichtmenge kann zugleich dazu dienen, das mögliche Mißverständnis abzuwehren, als sei die fragliche Nichtmenge „die Klasse aller x, die sich nicht selbst als Element enthalten", also: $\hat{x} \to (x\varepsilon x)$. Eine solche Klasse gibt es im vorliegenden System gerade nicht, da die Aussageform $\to (x\varepsilon x)$ zwar zulässig, aber nicht komprimierbar (und damit auch nicht klassifizierbar) ist, $\hat{x} \to (x\varepsilon x)$ also überhaupt keinen zulässigen Term darstellt[20]. Welche Beschaffenheit die fragliche Nichtmenge hat, wird am raschesten erkennbar, wenn man die Russellsche Antinomie unter Zugrundelegung des Schemas (3) zu rekonstruieren versucht (unter Benützung der erwähnten Verschärfung von (3) zur Eindeutigkeitsbehauptung). Falls nämlich k die fragliche Klasse ist, also:

(12) $\bigwedge x(x\varepsilon k \leftrightarrow \mathrm{Mg}\ x \wedge \to (x\varepsilon x))$,

so erhält man

(13) $k\varepsilon k \leftrightarrow \mathrm{Mg}\ k \wedge \to (k\varepsilon k)$,

was keine Kontradiktion darstellt, sondern eine Aussage mit der Konsequenz:

(14) $\to \mathrm{Mg}\ k$.

Gemäß (12) ist aber k dasselbe wie $\hat{x}(\mathrm{Mg}\ x \wedge \to (x\varepsilon x))$. Dieses Ergebnis erhält man auch direkt mittels A2*, wenn man für $\Phi(x)$ einsetzt: $\mathrm{Mg}\ x \wedge \to (x\varepsilon x)$ und y zu $\hat{x}(\mathrm{Mg}\ x \to (x\varepsilon x))$ spezialisiert:

(15) $\hat{x}(\mathrm{Mg}\ x \wedge \to (x\varepsilon x))\ \varepsilon\hat{x}(\mathrm{Mg}\ x \wedge \to (x\varepsilon x)) \leftrightarrow \mathrm{Mg}\ \hat{x}(\mathrm{Mg}\ x \wedge \to (x\varepsilon x)) \wedge \mathrm{Mg}\ \hat{x}(\mathrm{Mg}\ x \wedge \to (x\varepsilon x)) \wedge \to (\hat{x}(\mathrm{Mg}\ x \wedge \to (x\varepsilon x))\ \varepsilon\hat{x}(\mathrm{Mg}\ x \wedge \to (x\varepsilon x)))$,

was, wie erwartet, die Folge hat:

(16) $\to \mathrm{Mg}\ \hat{x}(\mathrm{Mg}\ x \wedge \to (x\varepsilon x))$.

---

[20] Dabei ist natürlich vorausgesetzt worden, daß das System widerspruchsfrei ist und nicht auf anderem Wege Klf($\to(x\varepsilon x)$) abgeleitet werden kann.

Wir haben also bereits jetzt für die dreifache kategoriale Unterscheidung konkrete Beispiele erhalten: $\neg(x\varepsilon x)$ ist eine zulässige Aussageform, aber $\hat{x}\neg(x\varepsilon x)$ ist kein zulässiger Term, und damit existiert auch keine Klasse von dieser Art. Die Aussageform: Mg $x \wedge \neg (x\varepsilon x)$ ist dagegen nicht nur zulässig, sondern auch klassifizierbar; der Term $\hat{x}(\text{Mg } x \wedge \neg(x\varepsilon x))$ ist somit zulässig und bezeichnet eine Klasse (die Klasse aller *Mengen,* die keine Selbstelemente sind). Diese Klasse ist eine Nichtmenge, wie (16) beweist.

Es sollen jetzt für den Zweck späterer Verwendung einige spezielle Aussageformen und Klassen betrachtet werden.

d) Spezielle Klassen. Relationen und Funktionen. Ordnungsbegriffe. Klassifizierbare Aussageformen

Die folgenden Aussageformen sind klassifizierbar; für die durch sie festgelegten Klassen führen wir sofort die üblichen Abkürzungen ein. Die Variable, in bezug auf welche die Klassifizierbarkeit behauptet wird, sei hier stets mit „x" bezeichnet.

1) Aussageform: $x\varepsilon y \wedge x\varepsilon z$. Term (spezieller Klassendurchschnitt): $y \cap z$. Dieser Ausdruck ist also eine Abkürzung für: $\hat{x}(x\varepsilon y \wedge x\varepsilon z)$; analog in den folgenden Fällen.
2) Aussageform: $x\varepsilon y \vee x\varepsilon z$. Term: (spezielle Vereinigungsklasse): $y \cup z$.
3) Aussageform: Mg $x \wedge \bigwedge y(y\varepsilon z \to x\varepsilon y)$. Term (Durchschnitt von z) $\cap z$.
4) Aussageform: $\bigvee y(y\varepsilon z \wedge x\varepsilon y)$. Term (Vereinigung von z): $\cup z$.
5) Aussageform: Mg $x \wedge \neg (x\varepsilon y)$. Term (Komplement von y): $\overline{y}$.
6) Aussageform: Mg x. Term (Allklasse): A (statt „Mg x" kann daher wie bei Quine auch „$x\varepsilon A$" geschrieben werden).
7) Aussageform: $x \neq x$. Term (Nullklasse): 0 (Die Richtigkeit von $\bigwedge x(x \neq x \to \text{Mg } x)$ beruht hier auf der Falschheit des Vordergliedes für beliebiges x).
8) Aussageform: Mg $y \wedge x = y$. Term (Einerklasse von x): $\{x\}$.
9) Aussageform: Mg $y \wedge$ Mg $z \wedge (x = y \vee x = z)$. Term (Paarklasse von y und z): $\{y, z\}$.

Wie aus der Zulässigkeit dieser Begriffe hervorgeht, kann die Algebra der Klassen bereits auf der Basis der bisher eingeführten Axiome entwickelt werden.

Abschließend führen wir noch zwei übliche Abkürzungen ein: Der Term $x-y$ bezeichnet dieselbe Klasse wie $x \cap \bar{y}$. Die Aussageform $x \subset y$ soll als Abkürzung verwendet werden für: $\bigwedge z(z \varepsilon x \to z \varepsilon y)$.

Relationen, Funktionen, Korrespondenzen

Die Möglichkeit, die Theorie der Relationen in den vorliegenden Formalismus einzubetten, beruht auf der klassentheoretischen Definition des Begriffs des geordneten Paares $<x,y>$ zweier Klassen x und y:

Df$_5$ $<x,y> =_{\text{Df}} \{\{x\}, \{x,y\}\}$[21].

Da sich auf Grund der mengentheoretischen Axiome ergeben wird, daß für zwei Mengen x und y auch $\{x\}$ sowie $\{x,y\}$ Mengen sind (vgl. T$_2$ und T$_3$ von Abschn. 3), gilt auch:

(17)   Mg $x \wedge$ Mg $y \to$ Mg $<x,y>$.

Daß durch Df$_5$ wirklich der Begriff des geordneten Paares getroffen wird, geht aus dem folgenden beweisbaren Theorem hervor:

(18)   Mg $x \wedge$ Mg $y \to (<x,y> = <v,z> \leftrightarrow x = v \wedge y = z)$.

Der Begriff des geordneten Paares kann durch induktive Definition ohne Schwierigkeit zu dem des geordneten n-tupels verallgemeinert werden. Von dieser Verallgemeinerung wird jedoch im folgenden kein Gebrauch gemacht.

Klassen von geordneten Paaren von Mengen (und nicht von beliebigen Klassen!) sollen Relationen heißen. Dazu wird zunächst mittels einer klassifizierbaren Aussageform der Begriff der Klasse aller geordneten Paare von Mengen eingeführt:

Df$_6$ mp $=_{\text{Df}} \hat{x} \bigvee y \bigvee z$ (Mg $y \wedge$ Mg $z \wedge x = <y,z>$).

Die Aussageform „r ist eine Relation" kann dann einfach so definiert werden:

Df$_7$ Rel $[r] =_{\text{Df}} r \subset$ mp[22].

---

[21] Diese Definition geht zurück auf Kuratowski. Eine etwas komplizierte Definition war vorher von N. Wiener gegeben worden.
[22] Bisweilen wird statt vom Begriff der (zweistelligen) Relation vom Begriff der Paarklasse gesprochen.

Würden wir auch andere als zweistellige Relationen benützen, so wäre die Stellenzahl durch einen eigenen Index kenntlich zu machen. Daß wir uns in Df_7 mit einer Aussageform begnügten, ist kein Zufall. Wie sich später zeigen wird, ist diese Aussageform nicht klassifizierbar. *Es ist also* im gegenwärtigen Rahmen *verboten, von der Klasse aller Relationen zu sprechen.*

Daß die Menge x in der Relation r zur Menge y steht, soll abkürzend durch „rxy" wiedergegeben werden[23]. Und zwar soll diese Redeweise nicht nur dann zulässig sein, wenn r im Sinne von Df_7 eine Relation darstellt, sondern z. B. auch dann, wenn darin außer geordneten Paaren noch andere Elemente vorkommen. Dagegen soll für das Vorliegen von rxy stets der Mengencharakter von x und y gefordert werden:

Df$_8$ $rxy =_{Df} Mg\,x \wedge Mg\,y \wedge <x,y> \varepsilon\, r.$

Der Vor- und Nachbereich D_I und D_{II} eines r können jetzt leicht durch klassifizierbare Aussageformen eingeführt werden:

Df$_9$ $D_I(r) =_{Df} \hat{x} \bigvee y\, rxy.$
Df$_{10}$ $D_{II}(r) =_{Df} \hat{y} \bigvee x\, rxy.$

Der in Df_9 eingeführte Term z. B. ist wegen der nach Df_8 geltenden Formel: $\bigvee y\, rxy \to Mg\,x$ zulässig. Die Vereinigungsklasse von Vor- und Nachbereich heiße Feld von r:

Df$_{11}$ $F_r =_{Df} D_I(r) \vee D_{II}(r).$

Eine einstellige Funktion f kann als zweistellige Relation aufgefaßt werden, welche die zusätzliche Bedingung erfüllt, daß jedes Element des Vorbereiches in genau einem zu f gehörenden geordneten Paar als erstes Glied vorkommt, d. h., daß stets durch die erste Komponente eines solchen Paares auch die zweite eindeutig festgelegt ist:

Df$_{12}$ $Funkt\,[f] = Rel\,[f] \wedge \bigwedge x \wedge y \wedge z\, (fxy \wedge fxz \to y = z).$

---

[23] Runde Klammern sollen dagegen für die Prädikatenschreibweise nicht benützt werden, da diese Klammersymbole für eine einfache Wiedergabe der Funktionalabstraktion vorbehalten bleiben. Wenn es sich als zweckmäßig erweisen sollte, die Reichweite eines Prädikates ausdrücklich kenntlich zu machen, so sollen *eckige* Klammern verwendet werden. Eine Konfusion mit den anderen Fällen, in denen wir runde Klammern verwenden (nämlich zur Abgrenzung von Formelteilen und im Zusammenhang mit dem Gebrauch syntaktischer Zeichen für Formeln), kann offenbar nicht entstehen.

Die Aussageform Funkt $[f]$ soll noch kürzer durch $\vec{f}$ wiedergegeben werden. Vor- und Nachbereich einer Funktion werden meist *Argument-* und *Wertbereich* genannt.

Umkehrbar eindeutige Funktionen heißen Korrespondenzen:

Df$_{13}$ $\quad \text{Korr}[f] =_{\text{Df}} \vec{f} \wedge \wedge x \wedge y \wedge z \, (fxz \wedge fyz \rightarrow x = y).$

Für die Aussageform Korr $[f]$ wird im folgenden die Abkürzung $\overleftrightarrow{f}$ verwendet.

Bisweilen ist es zweckmäßig, für gewisse komplexere Aussageformen anschauliche Abkürzungen zur Verfügung haben. Dementsprechend führen wir Definitionen ein für „f ist eine Funktion mit dem Argumentbereich x":

Df$_{14}$ $\quad x\vec{f} =_{\text{Df}} \vec{f} \wedge \text{D}_{\text{I}}(f) = x$ [24],

weiter für „die Funktion f ist eine Abbildung von x *in* y":

Df$_{15}$ $\quad x\vec{f}y =_{\text{Df}} \vec{f} \wedge \text{D}_{\text{I}}(f) = x \wedge \text{D}_{\text{II}}(f) \subset y,$

ferner für „die Funktion f ist eine Abbildung von x *auf* y:

Df$_{15a}$ $\quad x\overset{\rightarrow+}{f}y =_{\text{Df}} \vec{f} \wedge \text{D}_{\text{I}}(f) = x \wedge \text{D}_{\text{II}}(f) = y,$

sowie für „f ist eine umkehrbare eindeutige Abbildung von x auf y":

Df$_{16}$ $\quad x\overleftrightarrow{f}y =_{\text{Df}} \overleftrightarrow{f} \wedge \text{D}_{\text{I}}(f) = x \wedge \text{D}_{\text{II}}(f) = y.$

Die Vorbeschränkung einer Funktion f auf eine Klasse x soll aus den geordneten Paaren von f bestehen, deren erste Glieder zu x gehören. Dieser Begriff kann mittels einer bezüglich x klassifizierbaren Aussageform (mit dem freien Parameter f) als Klassenterm eingeführt werden:

Df$_{17}$ $\quad x \mathbf{1} f =_{\text{Df}} \hat{y} \vee z \vee v(y = \langle z,v \rangle \wedge y \varepsilon f \wedge z \varepsilon x \wedge \vec{f})$ [25].

---

[24] Ausdrücklich sei darauf hingewiesen, daß x den Argumentbereich und nicht etwa ein spezielles Argument für f darstellt; x braucht daher keine Menge zu sein. Nur dann ist x Argument von f, wenn es Menge und zugleich Selbstelement ist. Dieser Fall kann jedoch bei dem wichtigsten Typus von Funktionen, nämlich Ordinalzahlfunktionen, niemals eintreten.
[25] Dieser Begriff könnte durch Weglassung des letzten Gliedes entsprechend verallgemeinert werden; er wird jedoch an späterer Stelle in dieser Gestalt benötigt.

Die auf x vorbeschränkte Funktion ist offenbar wieder eine Funktion und ihr Argument- bzw. Wertbereich ist eine Teilklasse des Funktions- bzw. Wertbereiches der ursprünglichen Funktion.

Wegen der Eindeutigkeitseigenschaften von Funktionen ist es sinnvoll, mittels des Kennzeichnungsoperators den Begriff „das f von x" (abgekürzt: „$f(x)$") einzuführen. Wie sich sofort ergeben wird, ist es unbedenklich, diesen Begriff für *beliebiges f* zu definieren:

Df$_{18}$ $f(x) =_{Df} \iota_y(<x,y>\varepsilon f)$ oder kürzer: $\iota_y fxy$;

bezüglich der Klammerschreibweise vgl. Fußnote 23.

Mit Hilfe der Kennzeichnungsregel K_1 kann (generell für beliebiges f) die Aussage bewiesen werden:

(19) $\vec{f} \wedge x\varepsilon D_I(f) \rightarrow (fxz \leftrightarrow z = \iota_y fxy)$.

Nach Df$_{18}$ erhält man somit:

(20) $\vec{f} \wedge x\varepsilon D_I(f) \rightarrow (fxz \leftrightarrow z = f(x))$[26].

$f(x)$ ist also der Wert von f für das Argument x, sofern f eine Funktion ist, zu deren Argumentbereich x gehört. In den übrigen Fällen (d. h. wenn f eine mehrwertige Relation darstellt oder x kein Element von $D_I(f)$ ist) ergibt sich auf Grund von D_{18} und der Regel K_2, daß gilt: $f(x) = 0$.

Für gewisse Anwendungen ist die aus (20) zu gewinnende Formel zweckmäßig:

(21) $\vec{f} \rightarrow (\vee x(x\varepsilon D_I(f) \wedge z = f(x)) \leftrightarrow z\varepsilon D_{II}(f))$.

Von der Funktionalabstraktion wird an späterer Stelle in den Beweisen jener Theoreme Gebrauch gemacht, die sich auf das Limesmengenaxiom stützen.

Ordnungsbegriffe

Ordnungsmerkmale können als Eigenschaften von Relationen durch geeignete Aussageformen eingeführt werden[27]. Wenn r in seinem Feld reflexiv ist, d. h. wenn gilt:

---

[26] Dies entspricht der Formel I, 4.2, S. 61, bei Bernays, 1958.
[27] Die Terminologie ist hier nicht einheitlich. Wir übernehmen diejenige von B. Rosser, 1953, S. 331 ff. Bei Rosser können die fraglichen Begriffe allerdings wegen des andersartigen axiomatischen Rahmens als Klassen eingeführt werden.

Df$_{19}$ Refl $[r] =_{Df} \bigwedge x(x\varepsilon F_r \to rxx)$

und außerdem transitiv ist:

Df$_{20}$ Transit$[r] =_{Df} \bigwedge x \bigwedge y \bigwedge z(rxy \wedge ryz \to rxz)$,

so werde r eine Quasi-Ordnung (kurz: Qord$[r]$) genannt:

Df$_{21}$ Qord$[r] =_{Df}$ Refl$[r] \wedge$ Transit$[r]$.

Ist r überdies antisymmetrisch, d. h. gilt:

Df$_{22}$ Antisym$[r] =_{Df} \bigwedge x \bigwedge y(rxy \wedge ryx \to x = y)$,

so wird r eine partielle Ordnung genannt:

Df$_{23}$ Pord$[r] =_{Df}$ Qord$[r] \wedge$ Antisym$[r]$.

Schließlich werde r eine Wohlordnung (kurz: Word$[r]$) genannt, wenn r eine partielle Ordnung ist und wenn außerdem jede nichtleere Teilklasse des Feldes von r ein r-kleinstes Element enthält:

Df$_{24}$ Word$[r] =_{Df}$ Pord$[r] \wedge \bigwedge x(x \subset F_r \wedge x \neq 0 \to$
$\bigvee y(y\varepsilon x \wedge \bigwedge z(z\varepsilon x \to ryz)))$.

Bisweilen wird mittels des Begriffes der Konnexität, der so definiert ist:

Konnex$[r] =_{Df} \bigwedge x \bigwedge y(x\varepsilon F_r \wedge y\varepsilon F_r \to rxy \vee ryx)$,

eine Verschärfung des Begriffs der partiellen Ordnung zu dem der Ordnung benützt:

Ord$[r] =_{Df}$ Pord$[r] \wedge$ Konnex$[r]$

und in der Definition von Word$[r]$ statt Pord$[r]$ die stärkere Bedingung Ord$[r]$ verlangt. Dies ist jedoch hier nicht erforderlich, da unter Zugrundelegung des Wohlordnungsbegriffes von Df$_{24}$ beweisbar ist: Word$[r] \to$ Konnex$[r]$.

Ohne Schwierigkeit kann jetzt auch die Redeweise präzisiert werden, wonach eine vorgegebene Klasse x von Objekten durch eine Relation r in einer der genannten Weisen geordnet ist. Die Aussage „r ist eine Wohlordnung für die Klasse x" (abgekürzt: Word $[r; x]$) kann z. B. so definiert werden:

Df$_{25}$ Word$[r; x] =_{Df}$ Word$[r] \wedge F_r = x$.

Analoge Definitionen können für die übrigen Ordnungsbegriffe verwendet werden.

Von allen in diesem Abschnitt 2 eingeführten Begriffen wird im folgenden ohne ausdrückliche Rückverweisung Gebrauch gemacht.

3. Die Axiome der allgemeinen Mengenlehre

Die klassentheoretischen Axiome bilden nur den Rahmen für den Aufbau der Mengenlehre. Die eigentlich mathematischen Objekte sollen ausschließlich die Mengen bilden, d. h. also jene Klassen, von denen zugelassen wird, daß sie als Elemente anderer Klassen auftreten können. Insbesondere müssen sich die natürlichen Zahlen, Ordinalzahlen sowie Kardinalzahlen als Mengen erweisen. Auch die Lehrsätze, welche nicht allein auf Zahlen bezogen sind, wie z. B. der Wohlordnungssatz, werden nur für Mengen und nicht für Klassen schlechthin gelten. Die Auszeichnung bestimmter Klassen als Mengen muß durch eigene Axiome geleistet werden, da aus den klassentheoretischen Rahmenaxiomen kein Hinweis auf den Mengencharakter bestimmter Klassen zu entnehmen ist.

a) Das Nullmengenaxiom, Nachfolgermengenaxiom und Limesmengenaxiom

Wie Bernays gezeigt hat[28], kann ein axiomatischer Aufbau der allgemeinen Mengenlehre in der Weise vorgenommen werden, daß man die drei entscheidenden Stadien der Lehre von den endlichen und transfiniten Zahlen axiomatisch nachzeichnet. Diese drei Stadien sind gekennzeichnet durch ein *Ausgangselement,* bei dem der Prozeß der Zahlenkonstruktion beginnt, die *Nachfolgeroperation,* welche das Fortschreiten von einer gegebenen Zahl zur nächsthöheren ermöglicht, und schließlich die für die Cantorsche Theorie der transfiniten Zahlen benötigte *Limesoperation.*

Das Ausgangselement, die Zahl Null, identifizieren wir einfach mit der Nullklasse, die durch die klassifizierbare Aussageform $x \neq x$ eingeführt worden ist. Das erste mengentheoretische Axiom soll daher in der Forderung bestehen, daß diese Klasse eine Menge ist:

A3 (*Nullmengenaxiom*) $\operatorname{Mg} 0$ (d. h. $\operatorname{Mg} \hat{x}(x \neq x)$).

Für die Einführung der natürlichen Zahlen empfiehlt sich als besonders einfach der v. Neumannsche Weg, für jede von 0 verschiedene Zahl n als Repräsentanten die Klasse der Zahlen zu wählen, die kleiner sind als n, und diesen Repräsentanten mit der Zahl n selbst zu identifizieren (denn da mit 0 begonnen wird, stellt dann jede Zahl n eine Klasse mit genau n Elementen: die Zahlen 0 bis n-1, dar). Die Elemente einer

---

[28] Bernays, 1958, S. 65ff.

natürlichen Zahl sind also entweder mit der größten in ihr enthaltenen Zahl identisch oder Elemente von dieser. Dementsprechend gehen wir von der folgenden Aussageform aus:

$$\Phi(x, z_1, z_2) =_{Df} x\varepsilon z_1 \vee (Mg\, x \wedge x = z_2).$$

Offenbar gilt: $\Phi(x, z_1, z_2) \to Mg\, x$; die Aussageform ist also bezüglich x klassifizierbar und der Term: $\hat{x}(x\varepsilon z_1 \vee (Mg\, x \wedge x = z_2))$ ist zulässig. Zum Zwecke der Abkürzung führen wir für diesen Term ein neues Symbol ein:

$$\text{Def}_1 \quad z_1; z_2 =_{Df} \hat{x}(x\varepsilon z_1 \vee (Mg\, x \wedge x = z_2))\,{}^{29}.$$

Wir fordern als nächstes Axiom den Mengencharakter dieser Klasse unter der Voraussetzung, daß die beiden Parameterklassen selbst Mengen sind (was sich wegen der Definition dieses Terms offenbar auf die Voraussetzung reduziert, daß z_1 eine Menge ist):

A4 (*Nachfolgermengenaxiom*) $Mg\, z_1 \to Mg\, z_1; z_2.$

Wenn wir jetzt den Nachfolger x' von x definieren durch:

$$\text{Def}_2 \quad x' =_{Df} x; x,$$

so erhalten wir mittels A4 sofort den *Nachfolgermengensatz*:

T$_1$ $Mg\, x \to Mg\, x'.$

Die Zweckmäßigkeit des Operators „;" zeigt sich darin, daß mit seiner Hilfe nicht nur die Nachfolgeroperation definierbar wird, sondern sich auch die Einerklasse sowie die (ungeordnete) Paarklasse in einer neuen Variante darstellen läßt. Die gelegentlich als Paarmengenaxiom sowie als Einermengenaxiom auftretenden Sätze werden dadurch beweisbar[30].

HS$_1$ $Mg\, x \to \{x\} = 0; x.$
Beweis: $y\varepsilon\{x\} \leftrightarrow Mg\, x \wedge y = x \leftrightarrow y\varepsilon 0 \vee (Mg\, x \wedge y = x)$, da $\neg\, (y\varepsilon 0)$.

Selbstverständlich ist hier wie an analogen späteren Stellen für den letzten Schritt vom Extensionalitätsaxiom sowie von A2 Gebrauch zu machen.

---

[29] Wir verwenden das Symbol „;" in der Bedeutung, in der Bernays es gebraucht, nicht dagegen in der gelegentlich verwendeten Bedeutung, wonach es zur Bildung des geordneten Paares dient.
[30] Wichtigere Sätze werden als Theoreme mittels „**T**" ausgezeichnet, weniger wichtige Sätze sollen Hilfssätze (abgek. **HS**) heißen.

Aus A3, HS$_1$ und A4 ergibt sich unmittelbar der *Einermengensatz*:

T$_2$ Mg $x \to$ Mg $\{x\}$.

HS$_2$ Mg $x \wedge$ Mg $y \to \{x,y\} = \{x\}; y$.

Es folgt unmittelbar der *Paarmengensatz*:

T$_3$ Mg $x \wedge$ Mg $y \to$ Mg $\{x,y\}$,

denn mit x ist nach T$_2$ auch $\{x\}$ eine Menge, daher nach A4 auch $\{x\}; y$. Diese Menge aber ist nach HS$_2$ mit der Paarklasse identisch.

T$_4$ Mg $x \wedge$ Mg $y \to$ Mg $<x,y>$.

Beweis: Aus T$_2$ und T$_3$; denn $<x,y> = \{\{x\}, \{x,y\}\}$.

HS$_3$ Mg $x \wedge$ Mg $y \to x \cup \{y\} = x; y$.

Dieser Hilfssatz ermöglicht die Darstellung des Nachfolgers mit Hilfe der Vereinigungs- und Einerklassenbildung:

T$_5$ Mg $x \to x' = x \cup \{x\}$.

Insbesondere ist damit wegen T$_1$ für eine Menge x auch die spezielle Vereinigungsklasse $x \cup \{x\}$ eine Menge.

Die bisherigen Axiome genügen bereits, um die Theorie der natürlichen Zahlen aufzubauen. Diese Theorie kann in zweifacher Weise entwickelt werden: Entweder es wird zunächst der allgemeine Ordinalzahlbegriff eingeführt und die natürlichen Zahlen werden daraus durch Spezialisierung gewonnen. Oder aber die natürlichen Zahlen werden unabhängig von der allgemeinen Definition der Ordinalzahlen auf direktem Wege eingeführt. Während das erste Vorgehen eine größere formale Eleganz besitzt, hat das letztere den Vorzug größerer Anschaulichkeit und entspricht auch mehr dem traditionellen Vorgehen seit Freges Versuch einer mengentheoretischen Begründung der Zahlentheorie. Bei diesem Verfahren braucht zu dem bisherigen Begriffsapparat nur noch die Klasse der natürlichen Zahlen eingeführt zu werden. Dazu wird zunächst eine Aussageform $\Sigma(y)$ („y ist eine induktive Klasse") eingeführt, die auf alle und nur jene Klassen zutrifft, welche die 0 enthalten und mit einer gegebenen Menge auch deren Nachfolgermenge:

$$\Sigma(y) =_{\mathrm{Df}} 0 \varepsilon y \wedge \bigwedge x (x \varepsilon y \to x' \varepsilon y).$$

Die weitere Aussageform:

$\Psi(x) =_{\mathrm{Df}} \bigwedge y (\Sigma(y) \to x \varepsilon y)$ („x gehört zu allen induktiven Klassen")

charakterisiert dann genau die natürlichen Zahlen. Tatsächlich gilt:

HS$_4$ $\Psi(x) \to$ Mg x.

Beweis: Aus der logisch gültigen Formel

$$\Sigma(A) \to (\Psi'(x) \to x\varepsilon A)$$

kann das Vorderglied abgespalten werden, da die Allklasse wegen A3 und T_1 eine induktive Klasse ist ($z\varepsilon A$ ist ja per definitionem gleichbedeutend mit Mg z).

Wenn wir für den damit als zulässig erkannten Term $\hat{x} \wedge y(\Sigma(y) \to x\varepsilon y)$, d. h. $\hat{x}\Psi'(x)$, die Abkürzung Nz (Klasse der natürlichen Zahlen) einführen, so gilt nach dem Abstraktionsschema:

$$\wedge x(x\varepsilon Nz \leftrightarrow \wedge y(\Sigma(y) \to x\varepsilon y)).$$

Mit der als Zahl 0 zu wählenden Nullmenge, der Nachfolgeroperation sowie der Klasse Nz sind alle Elemente verfügbar, um die Theorie der natürlichen Zahlen zu entwickeln. Insbesondere können auf dieser Grundlage z. B. die Peano-Axiome bewiesen werden, nachdem sie in die klassentheoretische Sprache übersetzt wurden [31].

Der Einführung des dritten mengentheoretischen Axioms schicken wir einige inhaltliche Vorbetrachtungen voraus: Es sei f eine Funktion mit dem Argumentbereich u, also $u\overrightarrow{f}$. Falls $n \subset u$, so ergibt $n \upharpoonright f$ wieder eine Funktion, deren Argumentbereich aus den Elementen von n besteht. $D_{II}(n \upharpoonright f)$ ist der Wertbereich dieser auf n vorbeschränkten Funktion. $\cup D_{II}(n \upharpoonright f)$ ist die Vereinigungsklasse dieses Wertbereiches. Sie enthält genau jene Mengen als Elemente, die in irgendeinem $f(x)$ der Funktion f für $x\varepsilon n$ als Element enthalten sind, bildet also genau die Vereinigung der Mengen $f(x)$ [32] für die $x\varepsilon n$. Wir nennen diese Klasse den Limes der Funktion $f(x)$ für $x\varepsilon n$:

$$\text{Def}_3 \quad \lim_{x\varepsilon n} f(x) =_{\text{Df}} \cup D_{II}(n \upharpoonright f)$$

Daß hierbei der Funktionscharakter von f nicht explizit vorausgesetzt wurde, ist unproblematisch; denn für Nichtfunktionen f ist nach dem Früheren $n \upharpoonright f = 0$ und damit auch der eben definierte Limes gleich 0.

Die für die Theorie der transfiniten Zahlen benötigten Limesprozesse werden axiomatisch gesichert, wenn der Mengencharakter von $\lim_{x\varepsilon n} f(x)$ garantiert ist, sofern n eine Menge ist. Außerdem werden verschiedene

---

[31] Nämlich: 1) $0 \varepsilon Nz$; 2) $\wedge x(x \varepsilon Nz \to x' \varepsilon Nz)$; 3) $\wedge x(x \varepsilon Nz \to x' \neq 0)$; 4) $\wedge x \wedge y(x \varepsilon Nz \wedge y \varepsilon Nz \wedge x' = y' \to x = y)$; 5) $\Phi(0) \wedge \wedge x(x \varepsilon Nz \wedge \Phi(x) \to \Phi(x')) \to \wedge x(x \varepsilon Nz \to \Phi(x))$.
[32] Es sei daran erinnert, daß $f(x)$ stets eine Menge ist, da Funktionen als spezielle Arten von Relationen Klassen von geordneten Paaren *von Mengen* sind. Wegen A3 gilt dies auch, wenn f keine Funktion ist.

Axiome der Zermelo-Fraenkelschen Axiomatik beweisbar, so nämlich das Ersetzungsaxiom, das Aussonderungsaxiom sowie das Vereinigungsmengenaxiom. Als nächstes Axiom wird also gefordert das

A5 (*Limesmengenaxiom*) $\text{Mg } n \to \text{Mg} \left[\lim_{x \varepsilon n} f(x)\right]$.

Das nächste Theorem zeigt, daß die obigen inhaltlichen Erläuterungen mit der formalen Definition im Einklang stehen. Begründungen werden rechts am Rande angedeutet. Ein „L" soll ein Hinweis darauf sein, daß elementare logische Umformungen vorgenommen wurden.

$\mathbf{T_6} \lim\limits_{x \varepsilon n} f(x) = \hat{y} \vee z(\vec{f} \wedge y \varepsilon f(z) \wedge z \varepsilon n)$

Beweis:

$a \varepsilon \lim\limits_{x \varepsilon n} f(x) \leftrightarrow a \varepsilon \bigcup D_{II}(n \mathbf{1} f)$	Def$_3$
$\leftrightarrow a \varepsilon \hat{v} \vee z(z \varepsilon D_{II}(n\mathbf{1}f) \wedge v \varepsilon z)$	Def. von $\bigcup$
$\leftrightarrow \vee u(u \varepsilon D_{II}(n\mathbf{1}f) \wedge a \varepsilon u)$	A2
$\leftrightarrow \vee u \vee z(<z,u> \varepsilon\, n\mathbf{1}f \wedge a \varepsilon u)$	Def. von D_{II}
	A2
$\leftrightarrow \vee u \vee z(\vec{f} \wedge <z,u> \varepsilon f \wedge z \varepsilon n \wedge a \varepsilon u)$	Def. von $n\mathbf{1}f$, A2, L
$\leftrightarrow \vee u \vee z(\vec{f} \wedge u = f(z) \wedge z \varepsilon n \wedge a \varepsilon u)$	Formel (20) von Abschn. 2d,
$\leftrightarrow \vee z(\vec{f} \wedge a \varepsilon f(z) \wedge z \varepsilon n)$	L
$\leftrightarrow a \varepsilon \hat{y} \vee z(\vec{f} \wedge y \varepsilon f(z) \wedge z \varepsilon n)$	A2

Nach Vornahme der Allgeneralisation bezüglich der Variablen a folgt die Behauptung mittels A1. Ist f keine Funktion, so sind beide Klassen mit der Nullklasse identisch.

In den folgenden Theoremen sollen die angekündigten Sätze sowie einige weitere bewiesen werden.

T$_7$ (*Aussonderungssatz*) $\text{Mg } x \wedge y \subset x \to \text{Mg } y$

Beweis: Es gelte $\text{Mg } x \wedge y \subset x$. Wir betrachten die Aussageform:
$F(w) =_{Df} \vee u \vee v(w = <u,v> \wedge ((u \varepsilon y \wedge v = \{u\}) \vee (u \varepsilon x-y \wedge v = 0)))$.
Da Mg u, ferner nach A3 und T$_2$ auch Mg v, so gilt: Mg w nach T$_4$. Also Klf($F(w)$), so daß der Term $\hat{w}F(w)$ zulässig ist. Es sei f eine Abkürzung für diesen Term:

$f =_{Df} \hat{w} F(w)$.

Es gelten die folgenden Behauptungen:

(1) $x\vec{f}$ (d. h. f ist eine Funktion mit dem Argumentbereich x), denn wenn $<s,t_1>\varepsilon f$ und $<s,t_2>\varepsilon f$, so muß wegen des Abstraktionsschemas und der Eindeutigkeitseigenschaft geordneter Paare gelten: $t_1 = \{s\} = t_2$ oder $t_1 = 0 = t_2$, je nachdem, ob $s\varepsilon y$ oder $s\varepsilon x\text{-}y$. Der Argumentbereich x von f ergibt sich unmittelbar aus der Struktur von $F(w)$ und der Voraussetzung $y \subset x$.

(2) $p\varepsilon y \to (<p,q>\varepsilon f \leftrightarrow q = \{p\})$;

aus $p\varepsilon y$ folgt nämlich $\neg (p\varepsilon x\text{-}y)$, also auch $\neg (p\varepsilon x\text{-}y \land q = 0)$. Daher ergibt sich aus $<p,q>\varepsilon f$ nach dem Abstraktionsschema A2, der Eindeutigkeitseigenschaft geordneter Paare sowie den Gleichheitsregeln mittels elementarer logischer Umformungen: $p\varepsilon y \land q = \{p\}$. Andererseits folgt aus $p\varepsilon y \land q = \{p\}$ mittels $\lor$-Abschwächung und elementaren Umformungen: $<p,q>\varepsilon f$.

Aus (2) gewinnt man insbesondere:

(3) $p\varepsilon y \to <p,\{p\}>\varepsilon f$ \qquad ($\{p\}$ ist zulässig wegen Mg p),

sowie durch Abschwächung und Generalisierung:

(4) $p\varepsilon y \to \land z(<p,z>\varepsilon f \to z = \{p\})$.

(3) und (4) ermöglichen aussagenlogisch eine bedingte Anwendung der Kennzeichnungsregel K_1 (mit $\{p\}$ für das dortige z):

(5) $p\varepsilon y \to \{p\} = \iota_z(<p,z>\varepsilon f)$
$\to \{p\} = f(p)$ \qquad nach Df_{18} von Abschn. 2d.

Durch Schlußweisen, die denen im Beweis von Satz (2) analog sind, erhält man den Satz:

(6) $p\varepsilon x\text{-}y \to (<p,q>\varepsilon f \leftrightarrow q = 0)$.

Entsprechend der Ableitung von (3) und (4) aus (2) gewinnt man aus (6) die beiden Sätze:

(7) $p\varepsilon x\text{-}y \to <p,0>\varepsilon f$
(8) $p\varepsilon x\text{-}y \to \land z(<p,z>\varepsilon f \to z = 0)$.

Die Anwendung der Kennzeichnungsregel K_1 auf (7) und (8) liefert:

(9) $p\varepsilon x\text{-}y \to 0 = \iota_z(<p,z>\varepsilon f)$
$\to 0 = f(p)$.

Es werden einige weitere Sätze angeführt[33]:

(10) $n\varepsilon f(p) \to p\varepsilon y$.

Dies folgt aus (9) unter Berücksichtigung von $\wedge x \to (x\varepsilon 0)$; denn dadurch ergibt sich aus der Voraussetzung von (10) zunächst: $\to (p\varepsilon x\text{-}y)$, d. h. $p\varepsilon x \to p\varepsilon y$ (a). Weiter muß $p\varepsilon D_I(f)$ gelten; ansonsten würde sich $\to \vee x(<p,x>\varepsilon f)$ ergeben und damit aus der Kennzeichnungsregel K_2 folgen: $f(p) = 0$, im Widerspruch zu $n\varepsilon f(p)$. Da aber nach (1) $D_I(f) = x$, erhält man $p\varepsilon x$ (b). Aus (a) und (b) folgt die Behauptung.

(11) $n\varepsilon f(p) \to f(p) = \{p\}$ (nach (5) und (10)).

(12) $n\varepsilon f(p) \to n = p$.

Dies ergibt sich unmittelbar aus (11) und der Definition der Einerklasse, da wegen (10) unter der Voraussetzung von (12) auch Mg p gilt.

(13) $n\varepsilon f(p) \to n\varepsilon y$ (nach (10) und (12)).

(14) $z\varepsilon y \to \vec{f} \wedge z\varepsilon f(z) \wedge z\varepsilon x$.

Dies folgt aus (1), der Annahme $y \subset x$ und (5). Also auch:

(15) $z\varepsilon y \to \vee v(\vec{f} \wedge z\varepsilon f(v) \wedge v\varepsilon x)$
       $\to z\varepsilon \lim_{c\varepsilon x} f(c)$ (nach T_6, A2).

Mit Hilfe von (13) gewinnt man andererseits:

(16) $\vee v(\vec{f} \wedge z\varepsilon f(v) \wedge v\varepsilon x) \to z\varepsilon y$,

also nach T_6 und A2:

(17) $z\varepsilon \lim_{c\varepsilon x} f(c) \to z\varepsilon y$.

Aus (15) und (17) zusammen folgt:

(18) $\wedge z(z\varepsilon \lim_{c\varepsilon x} f(c) \leftrightarrow z\varepsilon y)$,

also nach A1:

(19) $\lim_{c\varepsilon x} f(c) = y$.

Aus diesem Satz und der Annahme Mg x erhalten wir nach dem Limesmengenaxiom A5 die gewünschte Aussage: Mg y.

---

[33] Diese Sätze sind gewisse Analogien zu den Theoremen [3] bei Bernays, 1958, S. 70.

Zermelo hatte 1908 den Aussonderungssatz als Axiom gefordert, wobei die ausgesonderte Teilklasse mit Hilfe des ziemlich unklaren Begriffs der „definiten Eigenschaft" gebildet wurde. An diesen Begriff knüpfte sich eine endlose Diskussion, bis man erkannte, daß die Aussonderung am einfachsten durch eine zulässige Formel des Systems erfolgt; dazu mußte allerdings ein präziser syntaktischer Aufbau vorausgesetzt werden. Auf Grund des klassentheoretischen Formalismus kann im gegenwärtigen Rahmen auch auf „Aussonderungsformeln" verzichtet und statt dessen einfach mit der Klassenvariablen y operiert werden [34].

Als nächstes beweisen wir den

T_8 (*Vereinigungsmengensatz*) $\text{Mg } x \rightarrow \text{Mg} \cup x$.

Beweis: Wir betrachten die Aussageform

$$H(y) =_{\text{Df}} \vee u(y = <u,u> \wedge u\varepsilon x).$$

Wegen $u\varepsilon x$ und T_4 gilt $\text{Mg } y$, also $\text{Klf}(H(y))$ und der Term

$$h =_{\text{Df}} \hat{y} \vee u(y = <u,u> \wedge u\varepsilon x)$$

ist zulässig. Offenbar gilt: $x \vec{h}$. Wegen $D_I(h) = x$ ist $h = x \mathbf{1} h$. Ferner ist auch $D_{II}(h) = x$, also nach der letzten Feststellung: $D_{II}(x\mathbf{1} h) = x$, und damit: $\cup D_{II}(x\mathbf{1} h) = \cup x$. Nach Def_3 ist dies gleichbedeutend mit: $\lim\limits_{z\varepsilon x} h(z) = \cup x$. Da nach Voraussetzung $\text{Mg } x$ gelten soll, wird das Limesmengenaxiom anwendbar, und die Behauptung folgt.

Schließlich gilt das als Axiom überflüssig werdende

T_9 (*Ersetzungstheorem*) $x \vec{f}^+ y \wedge \text{Mg } x \rightarrow \text{Mg } y$ („wenn der Argumentbereich einer Funktion eine Menge ist, so auch deren Wertbereich").

Beweis: Es sei f eine Funktion mit $D_I(f) = x$ und $D_{II}(f) = y$. Wir bilden die Aussageform:

$$G(z) =_{\text{Df}} \vee u \vee v (<u,v>\varepsilon f \wedge z = <u,\{v\}>).$$

Da $\vec{f}$ vorausgesetzt ist und Funktionen als spezielle Arten von Relationen Klassen von geordneten Paaren von Mengen sind, gilt $\text{Mg } u$ sowie $\text{Mg } v$ und daher nach T_2 und T_4 auch $\text{Mg } z$. Also $\text{Klf}(G(z))$, und daher ist der Term: $g =_{\text{Df}} \hat{z} G(z)$ zulässig. Wie aus der Struktur von G unmittelbar zu erkennen ist, gilt wegen $\vec{f}$ auch $\vec{g}$ und $D_I(g) = D_I(f) = x$.

---

[34] Für die Geschichte des Aussonderungsaxioms vgl. Fraenkel - Bar-Hillel, S. 38ff.

Und damit: $g = x \mathbf{1} g$. Ferner erhalten wir:

$u \varepsilon \mathsf{UD}_{II}(x \mathbf{1} g) \leftrightarrow u \varepsilon \mathsf{UD}_{II}(g)$
$\qquad \leftrightarrow \bigvee z(z \varepsilon \mathsf{D}_{II}(g) \wedge u \varepsilon z)$
$\qquad \leftrightarrow \bigvee z \bigvee w(<w,z> \varepsilon g \wedge u \varepsilon z) \qquad$ Def. von D_{II}, A2
$\qquad \leftrightarrow \bigvee z \bigvee w \bigvee p \bigvee q(<p,q> \varepsilon f \wedge$
$\qquad \quad <w,z> = <p,\{q\}> \wedge u \varepsilon z) \qquad$ Def. von g und A2
$\qquad \leftrightarrow \bigvee p(<p,u> \varepsilon f) \qquad\qquad$ Eindeutigkeitseigenschaft
$\qquad\qquad\qquad\qquad\qquad\qquad\qquad$ geordneter Paare, L
$\qquad \leftrightarrow u \varepsilon \mathsf{D}_{II}(f)$.

Auf Grund von A1 ergibt sich also: $\mathsf{UD}_{II}(x \mathbf{1} g) = \mathsf{D}_{II}(f)$. Wegen der Voraussetzung Mg x wird nach Def$_3$ A5 anwendbar, und es folgt: Mg y.

Aus diesem Satz gewinnt man leicht die Konsequenz, daß eine Funktion genau dann eine Menge ist, wenn ihr Argumentbereich eine Menge ist[35].

T_9 liefert über seine mathematischen Verwendungen hinaus auch ein in erkenntnistheoretischer Hinsicht wichtiges Resultat. Dazu zeigen wir zunächst, daß die Allklasse (im Gegensatz zu ihrem Verhalten im System Quines) keine Menge ist:

T$_{10}$ $\rightarrow$ Mg A.

Beweis: Es gilt $\bigwedge x \bigwedge z(z \varepsilon x \rightarrow z \varepsilon A)$ nach Def. von A und A2. Also: $\bigwedge x(x \subset A)$. Daraus würde sich, falls Mg A gälte, auf Grund des Aussonderungssatzes für *beliebiges y* ergeben: Mg y, also: $\bigwedge y$ Mg y, im Widerspruch zu dem früheren Ergebnis: $\bigvee y \rightarrow$ Mg y (Formel (11) von Abschn. 2c).

T$_{11}$ $\bigvee f(\overrightarrow{f} \wedge \rightarrow \mathrm{Mg} f)$[36]

Beweis: Wir betrachten die Aussageform:

$H(x) =_{Df} \bigvee v(x = <v,v> \wedge \mathrm{Mg}\, v)$

Offenbar gilt Klf $(H(x))$, und der Term $h =_{Df} \hat{x} H(x)$ ist daher zulässig. Es gilt $\overrightarrow{h}$ sowie:

$u \varepsilon \mathsf{D}_I(h) \leftrightarrow \bigvee z(<u,z> \varepsilon h) \qquad\qquad$ Def. von D_I
$\qquad \leftrightarrow \bigvee z \bigvee v(<u,z> = <v,v> \wedge \mathrm{Mg}\, v) \qquad$ Def. von h und A2
$\qquad \leftrightarrow \bigvee v(u = v \wedge \mathrm{Mg}\, v)$
$\qquad \leftrightarrow \mathrm{Mg}\, u$
$\qquad \leftrightarrow u \varepsilon A$,

---

[35] Vgl. Bernays, 1958, S. 75, 3.10.
[36] Dieses Theorem findet sich auch bei Hermes, 1956.

also $D_I(h) = A$. Damit ist eine formale Rechtfertigung für das gegeben, was intuitiv zu erwarten war, da h die triviale umkehrbar eindeutige Abbildung der Klasse aller Mengen auf sich selbst darstellt. Wegen T_{10} ist somit der Argumentsbereich von h keine Menge. Die Annahme, daß h eine Menge sei, widerspricht daher der oben erwähnten Konsequenz von T_9. Mit h ist also bereits eine Korrespondenz von Nichtmengencharakter gefunden, wie dies in T_{11} behauptet wird.

Dies zeigt, daß die Aussageform $\overleftrightarrow{x}$, d. h. Korr[x], nicht klassifizierbar ist, da $\wedge x$(Korr[x] → Mg x) zu T_{11} in Widerspruch steht. Wegen: Korr[x] → Funkt[x] sowie: Korr[x] → Rel[x] können daher auch die beiden Aussageformen Funkt[x] und Rel[x] nicht klassifizierbar sein (und damit auch nicht naiv komprimierbar). Dies ist das zu Beginn von Abschn. 2c angekündigte Resultat, wonach im vorliegenden Rahmen auch wichtigen Aussageformen die Komprimierbarkeit fehlt. Man könnte die Situation sprachlich so wiedergeben: Durch die drei angeführten Aussageformen werden zwar die *Eigenschaften* festgelegt, eine Korrespondenz, eine Funktion oder eine Relation zu sein; es darf aber nicht nur nicht von der Menge aller Korrespondenzen, Funktionen und Relationen gesprochen werden, sondern nicht einmal von der *Klasse* aller Relationen, der *Klasse* aller Funktionen oder der *Klasse* aller Korrespondenzen. Selbstverständlich wird die Klassifizierbarkeit in trivialer Weise hergestellt, wenn man die drei Aussageformen durch Hinzufügung des Gliedes Mg x in ihrem Geltungsbereich einschränkt: Die Klasse aller Korrespondenz*mengen* existiert ebenso wie die Klasse aller Funktions*mengen* oder die aller Relations*mengen* (vgl. die analoge Situation am Ende von Abschn. 2c beim Rekonstruktionsversuch der Russellschen Antinomie).

Ordinalzahlen

Es sei noch kurz angedeutet, wie die Theorie der Ordinalzahlen zweckmäßigerweise auf der bisherigen axiomatischen Basis entwickelt werden kann. Der sonst übliche Weg, zunächst den Begriff des Ordnungstypus einzuführen und die Ordinalzahlen als Ordnungstypen wohlgeordneter Mengen zu definieren, kann hier nicht eingeschlagen werden, jedenfalls nicht ohne Hinzufügung eigener Axiome, da die Ordnungstypen zwar als Klassen darstellbar wären, der Mengencharakter dieser Klassen sich jedoch nicht beweisen ließe. Ein besonders elegantes und einfaches Verfahren der Ordinalzahldefinition, welches auf die Ordnungsbegriffe ganz verzichtet und daher diese Schwierigkeit vermeidet, geht im wesentlichen auf R. M. Robinson zurück[37]. Es beruht auf dem bereits für die Definition der natürlichen Zahlen verwerteten Gedanken, eine Ordinalzahl mit der Menge der kleineren Ordinalzahlen zu identifizieren, wodurch die Ordinalzahlen zu Mengen werden, die durch die ε-Relation wohlgeordnet sind. Mit den drei Klasseneigenschaften:

Trs x („x ist transitiv") $=_\mathrm{Df} \wedge y \wedge z(y\varepsilon z \wedge z\varepsilon x \to y\varepsilon x)$
Kon x („x ist konnex") $=_\mathrm{Df} \wedge y \wedge z(y\varepsilon x \wedge z\varepsilon x \to y\varepsilon z \vee y = z \vee z\varepsilon y)$
Fund x („x ist fundiert")$=_\mathrm{Df} \wedge y(y \subset x \wedge y \neq 0 \to \vee z(z\varepsilon y \wedge z \cap y = 0)$

werden die Ordinalzahlen definiert als transitive, konnexe und fundierte Mengen. Die damit existierende Klasse der Ordinalzahlen heiße Ω. Es gilt also: $\Omega = \hat{x}(\mathrm{Mg}\,x \wedge \mathrm{Trs}\,x \wedge \mathrm{Kon}\,x \wedge \mathrm{Fund}\,x)$. Die Fundiertheitseigenschaft für x dient dazu, gewisse Anomalien auszuschließen, insbesondere die Existenz einer unendlichen absteigenden ε-Kette von Elementen von x zu verbieten. v. Neumann hatte 1925 durch ein eigenes Fundierungsaxiom diese Anomalien *generell* beseitigt. Für den Aufbau der Ordinal- und Kardinalzahltheorie genügt es jedoch, solche Anomalien für die als derartige Zahlen dienenden Mengen auszuschließen. Dies kann durch Einbeziehung von Fund x in die Ordinalzahldefinition geschehen, wodurch ein eigenes Fundierungsaxiom überflüssig wird. Es gilt ferner:

(1)   Fund $x \to \neg\,(x\varepsilon x)$,

d. h. fundierte Klassen sind keine Selbstelemente. Weiter läßt sich zeigen, daß auch die Elemente fundierter Klassen keine Selbstelemente sind sowie daß n Elemente $y_1, \ldots, y_n$ einer solchen Klasse niemals einen „ε-Zyklus" von der Gestalt $(y_1 \varepsilon y_2 \wedge y_2 \varepsilon y_3 \wedge \ldots \wedge y_n \varepsilon y_1)$ bilden können.

Die Bedeutung der obigen Definition wird durch eine Reihe von Sätzen ersichtlich gemacht, von denen wir einige wichtige ohne Beweis anführen[38]. Zunächst läßt sich zeigen, daß die natürlichen Zahlen trotz ihrer andersartigen Einführung Ordinalzahlen sind:

(2) $\wedge x(x\varepsilon Nz \to x\varepsilon\Omega)$.

Ferner liefert die an früherer Stelle (Abschn. (a), Def$_2$) eingeführte Nachfolgeroperation, angewendet auf Ordinalzahlen, wieder Ordinalzahlen:

(3) $\wedge x(x\varepsilon\Omega \to x'\varepsilon\Omega)$.

---

[37] R. M. Robinson, 1937. Diese Methode wird auch von Bernays, 1958, S. 80 ff. benützt. Für weitere äquivalente Definitionen vgl. H. Bachmann, 1955, S. 19 ff.

[38] Ungefähr in der hier angeführten Reihenfolge werden die entscheidenden Lehrsätze der Ordinalzahltheorie in Hermes, 1960, bewiesen.

Der Zusammenhang zwischen zwei in der Ordinalzahldefinition verwendeten Begriffen und dem Wohlordnungsbegriff wird am besten durch ein eigenes Theorem hergestellt (Zermelo, 1935). Es möge dazu $u\underline{\varepsilon}v$ eine Abkürzung sein für: $u\varepsilon v \vee u = v$. Die Aussageform: $\bigvee u \bigvee v$ ($x = \langle u, v\rangle \wedge u\varepsilon z \wedge v\varepsilon z \wedge u\underline{\varepsilon}v$) ist bezüglich x klassifizierbar, so daß die Einführung des entsprechenden Klassenterms zulässig ist. Dieser Term beschreibt eine Relation, die zwischen 2 Mengen genau dann besteht, wenn beide Elemente von z sind und eine der beiden entweder Element der anderen oder mit dieser identisch ist. Da die Relation ε in Anwendung auf die Ordinalzahlen die Kleiner-Relation ausdrücken soll, kürzen wir diesen Klassenterm durch $\leq_z$ (die $\underline{\varepsilon}$-Relation, d. h. die $\leq$-Relation, beschränkt auf die Elemente von z) ab:

$$\leq_z =_{\text{Df}} \hat{x} \bigvee u \bigvee v (x = \langle u, v\rangle \wedge u\varepsilon z \wedge v\varepsilon z \wedge u\underline{\varepsilon}v).$$

Es gilt dann der Satz:

(4) $\text{Kon } x \wedge \text{Fund } x \to \text{Word}(\leq_x ; x)$ („Wenn die Klasse x konnex und fundiert ist, so liefert die $\underline{\varepsilon}$-Relation, beschränkt auf die Elemente von x, eine Wohlordnung der Klasse x").

Als Folgesatz erhält man daraus das Ergebnis, daß jede Ordinalzahl x durch die Relation $\leq_x$ wohlgeordnet wird:

(4a) $x\varepsilon\Omega \to \text{Word}[\leq_x; x]$ (und damit: $x\varepsilon\Omega \to \bigvee z \text{ Word } [z;x]$). Ein analoges Resultat bezüglich der Klasse Ω beruht auf dem weiter unten angeführten Satz (10).

Weitere Ergebnisse stützen sich im wesentlichen auf die folgenden drei Sätze:

(5) $\text{Trs } x \wedge \text{Kon } x \wedge \text{Fund } x \wedge y\varepsilon x \to \text{Trs } y \wedge \text{Kon } y \wedge \text{Fund } y$ („die Elemente einer transitiven, konnexen und fundierten Klasse haben selbst diese drei Eigenschaften"),

(6) $\text{Trs } x \wedge \text{Kon } x \wedge \text{Fund } x \wedge y \subset x \wedge \text{Trs } y \to y = x \vee y\varepsilon x$ („eine transitive Teilklasse einer transitiven, konnexen und fundierten Klasse ist mit der letzteren identisch oder Element von ihr"),

(7) $\text{Trs } x \wedge \text{Kon } x \wedge \text{Fund } x \wedge \text{Trs } y \wedge \text{Kon } y \wedge \text{Fund } y \to x\varepsilon y \vee x = y \vee y\varepsilon x$ (Vergleichbarkeit zweier *beliebiger* Klassen mit den drei Merkmalen).

Aus (5) folgt insbesondere, daß die Elemente von Ordinalzahlen wieder Ordinalzahlen sind:

(8) $x\varepsilon\Omega \wedge y\varepsilon x \to y\varepsilon\Omega$

und aus (7) ergibt sich der Vergleichbarkeitssatz für Ordinalzahlen:

(9) $x\varepsilon\Omega \wedge y\varepsilon\Omega \rightarrow x\varepsilon y \vee x = y \vee y\varepsilon x$.

Auf Grund von (4a) folgt aus (8), daß die an der Wohlordnung einer Ordinalzahl x beteiligten Elemente die *kleineren Ordinalzahlen* sind, und aus (9), daß sich auch *alle* von x verschiedenen Ordinalzahlen, die nicht größer sind als x, daran beteiligen.

Mit Hilfe von (5) bis (7) kann man weiter zeigen, daß die Klasse Ω selbst die drei formalen Ordinalzahleigenschaften besitzt:

(10) Trs $\Omega \wedge$ Kon $\Omega \wedge$ Fund Ω.

Dadurch wird die bereits erwähnte Anwendung von (4) auf die Klasse der Ordinalzahlen möglich, und man erhält (ohne Auswahlaxiom) den Wohlordnungssatz für Ordinalzahlen, d. h. die Aussage, daß Ω durch die ε-Relation zwischen Ordinalzahlen wohlgeordnet wird:

(11) Word $(\leq_\Omega; \Omega)$ (also insbesondere: $\bigvee y$ Word $(y; \Omega)$).

Aussage (10) würde übrigens in der naiven Mengenlehre eine vereinfachte Version der Burali-Fortischen Antinomie nach sich ziehen, da man dort mangels Unterscheidung zwischen Klassen und Mengen zu der Schlußfolgerung gezwungen wäre, daß die Klasse der Ordinalzahlen selbst eine Ordinalzahl ist, also: $\Omega\varepsilon\Omega$, während aus Fund Ω nach (1) folgt: $\neg(\Omega\varepsilon\Omega)$. Die Rekonstruktion dieses Gedankenganges führt dagegen jetzt zu der Konsequenz, daß Ω eine Nichtmenge ist:

(12) $\neg$ Mg Ω,

und zwar wegen (7) die *einzige* transitive, konnexe und fundierte Nichtmenge.

Selbstverständlich könnte man auch die übliche Gestalt der Burali-Fortischen Antinomie nachzuzeichnen versuchen. Danach würde sich, falls Ω eine Menge wäre, ergeben, daß die Menge $\bigcup\Omega$ eine Ordinalzahl ist (vgl. Satz (13) unten), von der sich zugleich zeigen ließe, daß sie größer ist als jede Ordinalzahl. Abermals führt der Gedankengang im gegenwärtigen Rahmen statt zu diesem Widerspruch bloß zu dem Resultat, daß Ω eine Nichtmenge ist.

Die Klasse der von 0 verschiednen Ordinalzahlen kann in der bekannten Weise erschöpfend in die beiden Klassen der Nachfolgerzahlen $N =_{\text{Df}} \hat{x} \bigvee y(y\varepsilon\Omega \wedge x = y')$ sowie der Limeszahlen $L =_{\text{Df}} \hat{x}(x\varepsilon\Omega \wedge x \neq 0 \wedge \bigwedge y(y\varepsilon\Omega \rightarrow y' \neq x))$ eingeteilt werden.

Auf der bisherigen Basis kann auch die Theorie der rekursiven Ordinalzahlfunktionen, insbesondere die Theorie der wichtigen Normalfunktionen, aufgebaut werden. Die strenge Begründung dieser Theorie stützt sich vor allem auf das erstmals durch v. Neumann 1928 exakt bewiesene allgemeine Rekursionstheorem. Wie v. Neumann bemerkt hatte, benötigt man für diesen Beweis außer den übrigen von Zermelo angeführten Axiomen auch das Ersetzungsaxiom, welches im gegenwärtigen Rahmen als beweisbarer Satz T_9 auftritt. Die technischen Details der Ordinalzahlarithmetik enthalten vom axiomatischen Standpunkt aus weiter keine prinzipielle Problematik.

Die früher erwähnte zweite Möglichkeit des Aufbaues der Theorie der natürlichen Zahlen beruht darauf, daß man die Klasse $N_\mathfrak{z}$ durch Spezialisierung aus der Klasse der Ordinalzahlen herausisoliert, nämlich:

$N\mathfrak{z} =_{\mathrm{Df}} \hat{x}(x\varepsilon\Omega \wedge (x = 0 \vee x\varepsilon N) \wedge \bigwedge y(y\varepsilon x \to (y = 0 \vee y\varepsilon N)))$ [39]

(,,eine Ordinalzahl ist genau dann eine natürliche Zahl, wenn sie selbst ebenso wie alle kleineren Ordinalzahlen entweder mit 0 oder mit einer Nachfolgerzahl identisch ist").

Abschließend erwähnen wir von den verschiedenen Verwendungsmöglichkeiten des Vereinigungsmengensatzes T_8 eine spezielle Anwendung auf die Theorie der Ordinalzahlen. Dazu werde $\mathfrak{z}$ *obere Schranke* der Klasse y genannt, wenn gilt: $\bigwedge x(x\varepsilon y \to x \subset \mathfrak{z})$. Wie leicht zu erkennen ist, bildet $\bigcup y$ die *kleinste* obere Schranke von y, d. h. eine obere Schranke, für die außerdem gilt, daß jede obere Schranke u von y zu ihr in der Beziehung steht: $\bigcup y \subset u$. Für verschiedene Zwecke ist nun das Theorem von Nutzen, daß diese kleinste obere Schranke einer Menge von Ordinalzahlen selbst wieder eine Ordinalzahl ist:

(13) $(\mathrm{Mg}\, x \wedge \bigwedge y(y\varepsilon x \to y\varepsilon\Omega)) \to \bigcup x\varepsilon\Omega$.

Da sich unter den Voraussetzungen des Theorems ohne Schwierigkeit die Behauptungen: $\bigcup x \subset \Omega$, sowie: $\mathrm{Trs}\, \bigcup x$ beweisen lassen, kann man wegen (10) das Theorem (6) anwenden. Dadurch erhält man allerdings nur: $\bigcup x = \Omega \vee \bigcup x\varepsilon\Omega$. Die erste Alternative aber läßt sich durch T_8 ausschließen, da hiernach wegen der Voraussetzung $\mathrm{Mg}\, x$ links von ,, $=$ " eine Menge steht, rechts hingegen keine Menge.

Satz (13) wird z. B. benötigt für die Aussage, daß $\lim_{x\varepsilon n} f(x)$ eine Ordinalzahl ist, sofern $f(x)$ für alle $x\varepsilon n$ mit $n\varepsilon\Omega$ eine Ordinalzahl darstellt.

---

[39] N ist die eben definierte Klasse der Nachfolgerzahlen. Diese Definition der natürlichen Zahlen legt Bernays, 1958, S. 89, zugrunde.

4. Spezielle Axiome der Mengenlehre

a) Das Unendlichkeitsaxiom

Wenn man auch die Ordinalzahltheorie auf der Grundlage der drei mengentheoretischen Axiome A3 bis A5 aufbauen und die Klasse der Ordinalzahlen rein formal in die drei Kategorien: 0, Nachfolgerzahlen und Limeszahlen unterteilen kann, so bleiben diese Untersuchungen doch noch in einem wesentlichen Punkt unbefriedigend: Die Limeszahlen führen vorläufig ein bloßes Gespensterdasein. Um sie aus ihrer geisterhaften Existenz zu erwecken, müßte bewiesen werden, daß die Klasse der Limeszahlen nicht leer ist. Dazu reicht die bisherige axiomatische Basis nicht aus. Die Lücke wird geschlossen durch das sog. Unendlichkeitsaxiom, welches die Existenz einer unendlichen Menge fordert. Die einfachste Methode besteht darin, den Mengencharakter der Klasse der natürlichen Zahlen Nz zu fordern (die in einer der beiden früher geschilderten Weisen eingeführt worden sei):

A6 (Unendlichkeitsaxiom) Mg Nz[40].

Mit Hilfe dieses Axioms erhält man sofort ein konkretes Beispiel einer Limeszahl:

(14) $Nz \, \varepsilon \, \Omega$.

Der einfachste Weg zum Beweis dieser Behauptung besteht darin, zunächst die Gültigkeit von Trs Nz zu zeigen und unter Verwendung von Theorem (2) ähnlich wie im Beweis von (13) Satz (6) anzuwenden. Man erhält: $Nz = \Omega \vee Nz \, \varepsilon \, \Omega$. Die erste Möglichkeit wird durch A6 und (12) ausgeschlossen. Würde man dagegen die Negation von A6 fordern, so würde die zweite Alternative der zuletzt gewonnenen Aussage wegfallen und die Klasse der Ordinalzahlen fiele mit der Klasse der natürlichen Zahlen zusammen: Zahlentheorie und Ordinalzahltheorie würden ununterscheidbar werden.

Nz, als Ordinalzahl aufgefaßt, wird gewöhnlich mit ω bezeichnet. Selbstverständlich wird die Existenz nichtendlicher Mengen nicht erst dann benötigt, wenn man die gesamte Cantorsche Theorie aufbaut, sondern eine der verschiedenen Fassungen des Unendlichkeitsaxioms ist bereits dann erforderlich, wenn man sich auf jenen Teil des mengentheoretischen Systems beschränkt, in welchem die Theorie der reellen Zahlen aufgebaut werden kann.

---

[40] Für verschiedene äquivalente Fassungen des Unendlichkeitsaxioms vgl. Bernays, 1958, S. 148 ff.

b) Das Auswahlaxiom

Für den Beweis des Wohlordnungssatzes benötigt man das Auswahlaxiom. Es kann so formuliert werden:

A7 (*Auswahlaxiom*) $\bigwedge y(y\varepsilon x \to y \neq 0) \to \bigvee f(\vec{xf} \wedge \bigwedge z(z\varepsilon x \to f(z)\varepsilon z))$
("Wenn x eine Klasse nichtleerer Mengen ist, so existiert eine Funktion mit dem Argumentbereich x, welche jeder Menge aus x eines ihrer Elemente zuordnet")[41].

Es gibt bekanntlich verschiedene äquivalente Fassungen dieses Axioms, darunter die besonders einfache Form:

$\text{Rel}[x] \to \bigvee y(\vec{y} \wedge y \subset x \wedge D_I(y) = D_I(x))$ ("zu jeder Relation, d. h. Klasse von geordneten Paaren, gibt es eine Funktion, die eine Teilklasse von x darstellt und außerdem denselben Argumentbereich besitzt wie x").

Die Wohlordnungsbehauptung besagt, daß jede Menge wohlgeordnet werden kann. Ausdrücklich sei darauf hingewiesen, daß diese Aussage *nicht* für beliebige Klassen beweisbar ist. Da nach (4a) jede Ordinalzahl eine wohlgeordnete Menge darstellt, ist die Wohlordnungsbehauptung für beliebige Mengen zurückführbar auf den Satz, daß jede beliebige Menge auf mindestens eine Ordinalzahl umkehrbar eindeutig abgebildet werden kann. Denn dadurch wird die Wohlordnung der betreffenden Ordinalzahl auf jene Menge übertragen. Das fragliche Theorem kann dann so formuliert werden:

(15) $\bigwedge x(\text{Mg } x \to \bigvee y \bigvee f(y\varepsilon\Omega \wedge y \overleftarrow{f} x))$[42].

Eine Verschärfung der Existenzbehauptung bezüglich y zu einer Eindeutigkeitsfeststellung ist dagegen nicht möglich. Eine solche Verschärfung wird erst geliefert, wenn der Kardinalzahlbegriff zur Verfügung steht.

c) Das Potenzmengenaxiom. Der Kardinalzahlbegriff

Der Grundbegriff der Kardinalzahltheorie ist der praktisch schon in der Formulierung von Satz (15) benützte Begriff der Gleichmächtigkeit von

---

[41] Diese Fassung des Axioms entspricht der Formulierung VI, 2.5, S. 134 bei Bernays, 1958, mit dem einen Unterschied, daß im gegenwärtigen Rahmen die Klasse x nicht als Menge vorausgesetzt zu werden braucht.
[42] Satz (15) entspricht dem, was bei Bernays in VI, 3.1, S. 138 als „numeration theorem" bezeichnet wird.

Klassen. Zwei Klassen x und y heißen gleichmächtig, wenn eine umkehrbar eindeutige Abbildung von x auf y existiert:

$$x \sim y =_{\text{Df}} \bigvee f(x \overleftrightarrow{f} y).$$

Ein sinnvoller Kardinalzahlbegriff muß so eingeführt werden, daß zwei gleichmächtigen Mengen dieselbe Kardinalzahl zukommt. Das Fregesche Vorgehen, die Klasse der Kardinalzahlen als die Gesamtheit aller Klassen gleichmächtiger Mengen einzuführen, verbietet sich hier aus dem bereits angeführten Grunde: Es wäre dazu eine Erweiterung des vorliegenden axiomatischen Rahmens erforderlich. Statt dessen kann zweckmäßigerweise von der Idee v. Neumanns Gebrauch gemacht werden, die Kardinalzahlen *als spezielle Ordinalzahlen* einzuführen. Wegen der Wohlordnung von Ω besitzt ja jede Menge von gleichmächtigen Ordinalzahlen ein erstes Element (im Sinne der ε-Relation zwischen Ordinalzahlen), welches als Kardinalzahl ausgezeichnet werden kann. Man hat dann noch immer die Wahl, entweder in direkter Weise den reinen Begriff der Kardinalzahl oder unter Benützung von (15) sofort den Begriff der Kardinalzahl einer Menge zu definieren. Im ersten Fall könnte die Klasse der Kardinalzahlen K mit Hilfe eines offenbar zulässigen Klassenterms so eingeführt werden:

$$K =_{\text{Df}} \hat{x}(x \varepsilon \Omega \wedge \bigwedge y(y \varepsilon x \rightarrow \neg\, (y \sim x))).$$

Ohne Mühe läßt sich nun (15) zu einer Eindeutigkeitsbehauptung verschärfen, wenn darin Ω durch K ersetzt wird:

(16) $\quad \bigwedge x(\text{Mg}\, x \rightarrow \bigvee! y(y \varepsilon K \wedge y \sim x)).$

Dieser Satz gestattet, da sich äquivalente Kardinalzahlen als identisch erweisen, die Einführung des Begriffs der Kardinalzahl einer Menge mit Hilfe des Kennzeichnungsoperators; „die Kardinalzahl von x" (symbolisch: $|x|$) kann nämlich definiert werden durch:

$$|x| =_{\text{Df}} \iota_y\, (y \varepsilon K \wedge y \sim x).$$

Diesen Begriff hätte man natürlich auch direkt, ohne vorherige Definition von K, einführen können:

$$|x| =_{\text{Df}} \iota_y\, (y \varepsilon \Omega \wedge y \sim x \wedge \bigwedge z(z \varepsilon y \rightarrow \neg(z \sim x)))\,[43].$$

---

[43] Die Anwendung der Kardinalzahloperation auf beliebige *Klassen* enthält nichts Problematisches. Sie hat nur zur Folge, daß Klassen, zu denen keine gleichmächtige Ordinalzahl existiert, auf Grund von K_2 stets die Kardinalzahl 0 erhalten.

Damit ist zwar eine Kardinalzahl als Repräsentant aus einer Klasse gleichmächtiger Mengen eingeführt worden, jedoch ohne daß wie bei Frege diese Klasse in der Definition explizit erwähnt worden wäre. Das hier angedeutete Verfahren läuft offenbar darauf hinaus, die Kardinalzahlen mit den *Anfangszahlen von Zahlklassen* zu identifizieren und demgemäß jeder Menge aus der (nach (15) nicht leeren) Klasse der mit ihr gleichmächtigen Ordinalzahlen — die ja gerade zusammen eine Zahlklasse bilden — die Anfangszahl als Kardinalzahl zuzuordnen. Für die Durchführung der Kardinalzahlarithmetik erweist sich dieser Weg auch deshalb als vorteilhaft, weil dadurch für die Gleichheits- und Kleiner-Relation zwischen Kardinalzahlen sowie für die arithmetischen Operationen und ihre Gesetze auf bereits Bekanntes zurückgegriffen werden kann.

Der Satz, daß es zu jeder Kardinalzahl eine größere gibt, ist auf der Basis der bisherigen Axiome nicht beweisbar. Dazu wird das Cantorsche Theorem benötigt, wonach zu jeder Menge eine solche von höherer Mächtigkeit existiert. Dieser Beweis wird bekanntlich dadurch erbracht, daß von der Potenzmenge einer beliebig vorgegebenen Menge m gezeigt wird, daß sie eine höhere Mächtigkeit besitzt als m. Nun kann zwar der Begriff der Potenz*klasse* von Mengen auf der bisherigen Basis eingeführt werden; denn mit Mg $y \wedge x \subset y$ erhalten wir wegen des Aussonderungssatzes T_7 eine bezüglich x klassifizierbare Aussageform und können daher die Potenzklasse von y definieren:

Pkl$(y) =_{Df} \hat{x}(\text{Mg } y \wedge x \subset y)$ [44]

(Wurde für eine konkrete Klasse a ein Beweis für Mg a erbracht, so ist $x \subset a$ klassifizierbar und der Begriff der Potenzklasse von a reduziert sich auf: $\hat{x}(x \subset a)$).

Es läßt sich dagegen nicht generell beweisen, daß die Potenzklasse einer Menge selbst eine Menge ist, wie dies für den erwähnten Beweis benötigt wird. Daher muß zusätzlich das Potenzmengenaxiom eingeführt werden:

A8 (*Potenzmengenaxiom*)   Mg $x \rightarrow$ Mg $[\hat{y}(y \subset x)]$.

Der damit beweisbare Satz von der Existenz beliebig großer Kardinalzahlen läßt sich z. B. so formulieren:

(17) $\wedge x(x\varepsilon\Omega \rightarrow \vee y(y\varepsilon K \wedge x\varepsilon y))$.

---

[44] Der Schluß auf die Zulässigkeit des Begriffs der Potenzklasse, der z. B. im Beweis des Wohlordnungssatzes benützt werden muß, ist eine der wichtigsten Anwendungen des Aussonderungssatzes.

Da mit Ω auch K wohlgeordnet ist, existiert insbesondere zu jeder Kardinalzahl eine nächstgrößere, wodurch es gerechtfertigt ist, von der ins Transfinite fortsetzbaren *Folge* der Kardinalzahlen zu sprechen, insbesondere der Folge der Alephs (d. h. der Elemente von K–ω).

5. Das formale System BQ

Abschließend soll gezeigt werden, wie das im Vorangehenden geschilderte mengentheoretische System als streng formales System zu formulieren ist. Um unnötige Wiederholungen zu vermeiden, übernehmen wir die Zeichentabelle sowie verschiedene relevante Definitionen aus dem früheren Text, ohne sie nochmals anzuführen, und beschränken uns auf die Angabe der Formregeln und Axiome. Obzwar auf eine Diskussion der Stellung von Definitionen innerhalb formaler Systeme verzichtet worden ist — eine solche Diskussion hätte vom gegenwärtigen Zusammenhang weit abgeführt —, sollen auch jetzt in den Axiomen unbedenklich definierte Ausdrücke zugelassen werden. Die verschiedenen Möglichkeiten einer Präzisierung der Definitionsregeln erörtern wir nicht[45]. Ausdrücklich sei nochmals darauf hingewiesen, daß die Identität zwischen Klassen kein undefiniertes Grundsymbol darstellt, sondern in Abschn. 2b durch Df_1 eingeführt wurde, sowie daß $\lim_{x \in n} f(x)$ definiert ist durch: $\cup D_{II}(n \uparrow f)$. Die Klasse der natürlichen Zahlen kann in einer der beiden früher angegebenen Weisen durch Definition eingeführt werden.

Griechische Großbuchstaben wie Φ, Ψ ... dienen zur syntaktischen Bezeichnung von Formeln, von den griechischen Kleinbuchstaben dienen α, β und γ zur Bezeichnung von Variablen, σ und τ zur Bezeichnung von Termen. Schließlich wird an einer Stelle größerer Deutlichkeit halber φ zur Bezeichnung eines Funktionalterms verwendet (obwohl Funktionsausdrücke von anderen nicht syntaktisch unterschieden werden). In den Axiomen vorkommende freie Variable sind selbstverständ-

---

[45] Vgl. zu diesem Punkt insbesonders die Ausführungen bei Bernays, 1958, S. 50. Wenn man das dortige Verfahren für das vorliegende System akzeptiert, so sind zwei Definitionssymbole zu verwenden: das aussagenlogische Zeichen „↔" für den Fall, daß zu beiden Seiten der Definition Formeln stehen, und das Gleichheitssymbol „=" für den Fall, daß es sich um die Definition von Termen handelt. Die bei Bernays anzutreffenden drei Definitionssymbole reduzieren sich damit auf zwei, da hier keine syntaktische Unterscheidung zwischen Klassen- und Mengentermen vorgenommen wird.

lich stets in der Generalitätsinterpretation zu verwenden; statt dessen könnten entsprechende Allquantoren, die sich jeweils über die ganze Formel erstrecken, vorangestellt werden, was aber wegen Regel 2 nicht notwendig ist.

Die Begriffe des Beweises und der Ableitung können in der üblichen Weise eingeführt werden. Unter Verwendung des metalogischen Symbols „⊦" läßt sich dann die Ableitbarkeit von Φ aus der Formelreihe $\mathfrak{A}$ durch: $\mathfrak{A} \vdash \Phi$ und die Beweisbarkeit von Φ durch: $\vdash \Phi$ wiedergeben. Mg σ bedeute so wie früher: $\vee \beta(\sigma\varepsilon\beta)$. Als undefinierte logische Operatoren wählen wir: $\neg, \wedge, \bigwedge$. Die übrigen seien in der bekannten Weise durch Definition darauf zurückgeführt. Als aussagenlogische Axiome verwenden wir die des Systems von B. Rosser, 1953.

I. Rekursive Definition der Begriffe „Formel", „Klassenterm" und „Kennzeichnungsterm"

F1. Jeder Ausdruck von der Gestalt $\sigma\varepsilon\tau$ ist eine Formel, wobei σ und τ Variable oder sonstige Terme (Kennzeichnungs- oder Klassenterme) sind.

F2. Wenn Φ und Ψ Formeln sind, so auch: $\neg \Phi$ sowie $\Phi \wedge \Psi$.

F3. Wenn $\Phi(\alpha)$ eine Formel und α eine Variable ist, so ist $\bigwedge \alpha\, \Phi(\alpha)$ eine Formel.

T1. Jede Variable α ist ein Klassenterm.

T2. Wenn $\Phi(\alpha)$ eine Formel ist, so ist $\iota_\alpha\, \Phi(\alpha)$ ein Kennzeichnungsterm.

T3. Wenn $\Phi(\alpha)$ eine Formel ist und außerdem gilt: $\vdash \text{Klf}(\Phi(\alpha))$ (d. h. wenn gilt: $\vdash \Phi(\alpha) \to \text{Mg } \alpha$), so ist $\hat{\alpha}\, \Phi(\alpha)$ ein Klassenterm.

E. Es gibt keine anderen Formeln und keine anderen Klassen- und Kennzeichnungsterme außer den in F1 bis T3 angeführten.

Die drei Begriffe „Formel", „Kennzeichnungsterm" sowie „Klassenterm" wurden damit durch eine dreifache simultane Rekursion eingeführt. Die Gefahr der Zirkularität wird dadurch vermieden, daß innerhalb des Rekursionsschrittes (F2, F3, T2, T3) für die Eigenschaft einer Zeichenreihe, eine Formel, ein Kennzeichnungs- oder ein Klassenterm zu sein, stets nur eine dieser drei Eigenschaften für eine kürzere Zeichenreihe benötigt wird. Daneben wird die Eigenschaft, ein Klassenterm zu sein, in T3 vom vorherigen Beweis einer Formel (in welcher dieser Term natürlich nicht vorkommen kann) abhängig gemacht.

II. Axiome und Regeln

1. *Logische Prinzipien*

a) Aussagenlogische Axiome und Regeln

Axiom 1. $\Phi \to \Phi \wedge \Phi$.
Axiom 2. $\Phi \wedge \Psi \to \Phi$.
Axiom 3. $(\Phi \to \Psi) \to (\neg (\Psi \wedge \Sigma) \to \neg (\Sigma \wedge \Phi))$.
Regel 1 (modus ponens): $\Phi, \Phi \to \Psi \vdash \Psi$.

b) Quantorenlogische Axiome und Regeln

Axiom 4. $\bigwedge \alpha \Phi(\alpha) \to \Phi(\sigma)$; dabei sei σ ein Term, der frei für α in $\Phi(\alpha)$ ist [46], und $\Phi(\sigma)$ sei diejenige Formel, welche aus $\Phi(\alpha)$ dadurch hervorgeht, daß α an allen Stellen, an denen es in $\Phi(\alpha)$ frei vorkommt, durch σ ersetzt wird [47].
Axiom 5. $\bigwedge \alpha (\Phi \to \Psi(\alpha)) \to (\Phi \to \bigwedge \alpha \Psi(\alpha))$, wobei α in Φ nicht frei vorkommen darf.
Regel 2 (Generalisierungsprinzip): $\Phi(\alpha) \vdash \bigwedge \alpha \Phi(\alpha)$.

c) Kennzeichnungsaxiome

K_1. $(\Phi(\alpha) \wedge \bigvee \beta (\Phi(\beta) \to \beta = \alpha)) \to \alpha = \iota_\beta \Phi(\beta)$.
K_2. $\neg \bigvee \alpha (\Phi(\alpha) \wedge \bigwedge \beta (\Phi(\beta) \to \beta = \alpha)) \to \iota_\beta \Phi(\beta) = 0$.

2. *Klassentheoretische Rahmenaxiome*

A1 (Extensionalitätsprinzip). $\bigwedge \gamma (\gamma \varepsilon \alpha \leftrightarrow \gamma \varepsilon \beta) \to \alpha = \beta$.
A2 (Abstraktionsschema). $\bigwedge \beta (\beta \varepsilon \hat{\alpha} \Phi(\alpha) \leftrightarrow \Phi(\beta))$, wobei β frei für α in $\Phi(\alpha)$ ist usw. analog der Bedingung im logischen Axiom 4.

---

[46] Bezüglich der Definition von „frei für" vgl. Abschn. 2a.
[47] Wenn α in $\Phi(\alpha)$ überhaupt nicht vorkommt, so ist $\Phi(\sigma)$ mit $\Phi(\alpha)$ identisch.

3. Mengentheoretische Axiome

a) Axiome der allgemeinen Mengenlehre

$A3$ (Nullmengenaxiom). Mg 0.
$A4$ (Nachfolgermengenaxiom). Mg $\alpha \wedge$ Mg $\beta \to$ Mg $[\alpha;\beta]$.
$A5$ (Limesmengenaxiom). $\vec{\varphi} \wedge$ Mg $\beta \to$ Mg $[\lim_{\alpha\varepsilon\beta} \varphi(\alpha)]$.

b) Mengentheoretische Spezialaxiome

$A6$ (Unendlichkeitsaxiom). Mg $N\zeta.\vec{\;}$
$A7$ (Auswahlaxiom). $\mathrm{Rel}(\sigma) \to \vee \beta(\beta \wedge \beta \subset \sigma \wedge D_I(\beta) = D_{II}(\sigma))$.
$A8$ (Potenzmengenaxiom). Mg $\alpha \to$ Mg $[\hat{\beta}(\beta \subset \alpha)]$.

Literatur

1955 *Bachmann, H.*, Transfinite Zahlen. Berlin.
 Bar-Hillel, Y.; vgl. Fraenkel, A. und Bar-Hillel, Y.
1937–54 *Bernays, P.*, A system of axiomatic set theory. Part I, JSL 2, S. 65–77. Part II, ibid. 6, S. 1–17. Part III, ibid. 7, S. 65–89. Part IV, ibid. 7, S. 133–145. Part V, ibid. 8, S. 89–106. Part VI, ibid. 13, S. 65–79. Part VII, ibid. 19, S. 81–96.
1958 Axiomatic set theory. Amsterdam.
1932 *Church, A.*, A set of postulates for the foundation of logic. Ann. of Math. 33, S. 346–366.
1958 *Fraenkel, A.* und *Bar-Hillel, Y.*, Foundations of set theory. Amsterdam.
1956 *Hermes, H.*, Einführung in die naive und axiomatische Mengenlehre (Vorlesung, gehalten an der Univ. Münster WS 1955/56).
1960 — Einführung in die axiomatische Mengenlehre (Vorlesung, gehalten an der Univ. Münster WS 1959/60).
1952 *Hermes, H.* und *Scholz, H.*, Mathematische Logik. Enzykl. d. math. Wiss., Bd. I/1, Heft 1, Teil 1.
1934–39 *Hilbert, D.* und *Bernays, P.*, Die Grundlagen der Mathematik. Berlin, Bd. I 1934, Bd. II 1939.
1921 *Kuratowski, C.*, Sur la notion de l'ordre dans la théorie des ensembles. Fund. Math. 2, S. 161–171.
1925 *v. Neumann, J.*, Eine Axiomatisierung der Mengenlehre. J. f. Math. 154, S. 219–240.
1928 — Die Axiomatisierung der Mengenlehre. Math. Ztschr. 27, S. 669–752.
1937 *Quine, W. V.*, New foundations for mathematical logic. Amer. Math. Monthly 44, S. 70–80.
1940 — Mathematical logic. Revised Ed. Cambridge, Mass., 1951.
1925 *Ramsey, F. P.*, The foundations of mathematics. Proceed. London Math. Soc., Ser. 2, 25/5, S. 338–384.